AF717129

Rowohlt Verlag GmbH, Kirchenallee 19, 20099 Hamburg

Kontaktadresse nach EU-Produktsicherheitsverordnung:
produktsicherheit@rowohlt.de

Monika Mann (1910–1992) war die zweitälteste Tochter von Katia und Thomas Mann. Sie verbrachte ihre Kindheit und Jugend in München; danach Ausbildung zur Pianistin in Lausanne, Studium der Musik und Kunstgeschichte in Florenz. 1933 Emigration in die Schweiz. 1938 tschechoslowakische Staatsbürgerschaft. 1939 Heirat mit dem ungarischen Kunsthistoriker Jenö Lányi, der 1940 während der gemeinsamen Überfahrt von London nach Amerika umkommt, als das Schiff «City of Benares» – von einem deutschen U-Boot torpediert – untergeht. Monika Mann verbrachte die nächsten Jahre in den USA, kehrte 1953 nach Europa zurück und lebte ab 1955 auf der Insel Capri. 1985 zog sie zu ihrem Bruder Golo nach Kilchberg in der Schweiz.

Der «Familienfluch» hat auch vor ihr nicht halt gemacht: Monika Mann, die «mittlere» Tochter von Katia und Thomas Mann, wurde Schriftstellerin – wie so viele Mitglieder der Familie Mann. Doch zweifelsohne hatte Monika Mann eine außergewöhnliche stilistische Begabung. Ihre Erinnerungen sind ein anrührendes Porträt der eigenen Familie, besonders ihres Vaters und ihrer Mutter, mit Bildern und Reminiszenzen von großer poetischer Kraft. Das Buch schildert Kindheit und Jugend in München, die Orte des Exils, den traumatischen Verlust des Ehemannes, das Leben danach in Amerika und Europa – bis hin zum Tode Thomas Manns im Jahre 1955, der mitten in die Niederschrift dieser Autobiographie fiel.

In einem Nachwort entwirft Inge Jens ein Porträt Monika Manns und beschreibt deren keineswegs einfache Rolle in der «Dynastie Mann». Ein Tafelteil dokumentiert das Leben Monika Manns mit zum Teil unbekannten Fotos.

Monika Mann war viele Jahre journalistisch tätig. Außer dem Band «Vergangenes und Gegenwärtiges» veröffentlichte sie die Bücher «Tupfen im All», 1963, und «Wunder der Kindheit», 1965.

Monika Mann

Vergangenes und Gegenwärtiges

Erinnerungen

Nachwort von Inge Jens

Rowohlt Taschenbuch Verlag

5. Auflage Juni 2021

Ergänzte Ausgabe
Veröffentlicht im Rowohlt Taschenbuch Verlag
GmbH, Reinbek bei Hamburg, November 2001
Die Erstausgabe erschien 1956 im Kindler Verlag, München

Umschlaggestaltung any.way, Cathrin Günther
(Foto: Monacensia Literaturarchiv
und Bibliothek, München)
Satz aus der Caslon PostScript (PageOne)
bei CPI Books GmbH, Leck
Druck und Bindung BoD - Books on Demand GmbH,
Norderstedt, Germany
ISBN 978 3 499 23087 5

Für Toni

Mein Vater ist am zwölften August neunzehnhundertfünfundfünfzig gestorben. Ich habe an der Stelle des Buches, wo mich beim Schreiben die Trauernachricht traf, ein Kreuz gemacht.

M. M.

Erster Teil

Ich lebe auf einer Insel. Es ist still da, und die Menschen machen sich Gedanken. In der Stadt denken die Menschen kaum, weil der Lärm die Gedanken tötet und sie achtgeben, daß sie unter kein Auto kommen und keinem Dieb in die Hände fallen. Also auf meiner Insel, sagte ich, machen sich die Menschen Gedanken. Neulich fragte mich da ein wortkarger alter Fischer – Was ist das Leben? Ich fand seine Frage erst ein bißchen albern und unnütz, und statt dem Fischer etwas zu antworten, sah ich ihm leer ins Gesicht. Aber seine Frage hämmerte sich gleichsam in die Stille hinein – Was ist das Leben? Er wollte mir wohl eine Falle stellen, wußte es besser als ich, hatte auf dieser stillen Insel viel darüber nachgedacht. Ich fühlte mich beengt und bedrängt und sagte heraus, nur um wieder frei zu sein – Ein Geschenk. Der Fischer hatte wohl alles andere erwartet, er sah zornig darein. Ich entschuldigte mich und sagte dann rasch hintereinander weg – Ein Kampf, ein Ausdruck des Willens, eine Prüfung –, schüttelte den Kopf, indem ich beteuerte, daß nichts davon zutreffe, daß ich es nicht wisse, und ich bat ihn, es mir doch zu sagen. Er schlug mit der Faust in die Luft. Der Fischer schien jetzt wirklich zornig. Mit seinen Faustschlägen schien er irgendeinen Ausgang erzielen, ins Freie gelangen zu wollen. Seine Faust löste sich, und er zeigte in die Ferne. Er wußte es besser als ich: er zeigte über das helle, weite Meer hin, als läge dort die Antwort. Sein Blick wurde ganz hell und gelöst, ich verstand. Er meinte, daß das Leben eine Selbstbefreiung sei.

Schwärmer und Dichter sind Zweifler und Abgründige,

weil das Inständige ihres Wesens an ihnen zerrt, und der prosaische, kaltblütige, sachliche Mann ist lebensfähiger als der Poet. Denn in ihm wohnt etwas, das ich das «Unleben» nenne. Alice im Wunderland spricht von 366 Tagen eines Jahres, damit sie auch einen «unbirthday» habe. Dies Un- oder Übersinnige liegt auch im Sein des Poeten. Ich stamme aus einem Haus, das, so weit ich zurückdenken kann, von jenem Unleben erfüllt war. Ein starker, in sich befangener, nach jener Selbstbefreiung inständig ringender Geist durchsetzte das warm-bürgerliche Heim wie eine Art Spuk. Und noch ehe ich auch nur im mindesten begriff, was eine Künstlerseele ist, erlebte ich ihr heimliches Ringen, das wie eine Naturkraft war. Und noch ehe ich ein Buch gelesen hatte und wußte, was Kunst ist, spürte ich, daß jene Naturkraft weit in die Welt hinausreichte. Ich mochte auch spüren, daß das von wildem Wein und Heckenrosen umrankte Haus – ländlich abgeschieden, wie es war – die große und verworrene Welt widerspiegelte, und zwar nicht nur, weil Post und Besuch von überall her darauf einströmte, sondern weil der väterliche Geist, bei aller selbstkonzentrierten Zurückgezogenheit, weltoffen, weltverbunden war. Und verriet das ruhige, bürgerliche Sein von damals nichts von dem Wanderleben, das ich später führen sollte, so lebte ich von früh auf im Zwielicht der mondänen Einsamkeit. Zugleich mit jener Weltoffenheit hatte das elterliche Haus eine große innere Abgeschlossenheit. Die starke und verhaltene Persönlichkeit meines Vaters und das dynamische Gegenspiel meiner Mutter bildeten eine atmosphärische Macht und Einheit, gegen die das fremde Leben verblaßte. Der Trupp Geschwister, Freunde, Mägde und Tiere tat ein übriges, jene Macht auszubreiten und zu festigen. Ja, ich bin in einer sehr starken häuslichen Atmosphäre aufgewachsen, und ihr Schwingen und Klingen ist laut in meiner Erinnerung.

Die zwei Jahrzehnte, die ich im Elternhaus zugebracht habe, könnten ebensogut zwei Jahrtausende sein, denn das Elementare der Kindheit und Jugend vertieft das Element der Zeit ins Unbestimmbare. Ganz eingemummt sind wir in der Zeit, die erst später durchsichtig wird. Das Kind glaubt im Grund nicht an Wiederkehr, oder in seinem blinden Gegenwartsglauben empfindet es doch eine Ewigkeit von einem Erleben zum anderen. Sagte die Mutter – Hör jetzt zu spielen auf und geh schlafen, morgen ist auch noch ein Tag! –, so war das noch längst nicht ausgemacht. Denn da war erst einmal die Nacht, die Unabsehbare, Unvoraussagbare, der man ganz und gar ausgeliefert und hingegeben war, und die Mutter hatte leicht reden. Es war besser, das Spiel heute noch gründlich zu Ende zu spielen. Deshalb war auch ein Gutenachtkuß ein Abschied von einigem Ernst und Gewicht. So saß ich denn jeden Abend möglichst lang auf «die Schoß» meiner Mutter, um das süße Gewicht des Augenblicks auszukosten. Ich glaube sogar, sie mit schalkhafter Zärtlichkeit terrorisiert und jenes «Möglichstlang» manchmal überschritten zu haben, so daß der Papa, der damals einen großen Schnurrbart trug, kraft eines energischen Wortes die Trennung zu bewerkstelligen sich gezwungen sah. Ich darf nicht vergessen zu sagen, daß mein Papa den Schnurrbart eigentlich immer kurz geschoren trug und daß jegliche Abweichung – einige Tage war er glattrasiert – Verrat bedeutete. Denn ein sanft-fanatischer Sinn für Gleichmaß und ein Sichgleichbleiben kennzeichnete von jeher das väterliche Wesen. So mochte auch mein kindlicher oder elfischer Überschwang ihn etwas verdrossen haben.

Sonntag früh empfing die Mama. Nämlich meine Schwester und ich durften zu ihr ins Bett hineinschlüpfen. Dies war breit und aus elfenbeinfarbenem, mit Schnitzwerk versehenem Holze. Die Mama hatte ein überfußlanges Hemd an, am Hals und an den Handgelenken mit Volants, das, obgleich es aus feinstem Linnen war, an das Hemd der Großmutter in Rotkäppchen erinnerte. Zwei schwarze Zöpfe – die sie tags um den Kopf gewunden trug – lagen auf den großen Kissen, die gleichfalls aus feinstem Linnen mit Locharbeit waren, und mit tiefer, rauher, liebkosender Stimme wünschte sie uns guten Morgen. Es war sehr angenehm, erst einmal auf dem dicken Eisbärfell barfuß zu stehen oder zu knien und allmählich unter die kornblumenblaue Daunendecke zu kriechen, um dann den merkwürdig herben und Geborgenheit ausströmenden Duft des mütterlichen Bettes einzuatmen. Ein paar Lichtstrahlen fielen durch die grünen Läden der beiden Fenster und der Tür, die auf den Balkon führten, auf dem die Mama immer Siesta hielt (im Winter in einem großen Pelzsack), und es mochten Glocken von der Stadt herübertönen. In friedlichem Dämmer lag das Zimmer meiner Mutter, das für mich stets mit liebenswürdig chaotischer Fülle und Lebensmitte verbunden war. Auf dem Toilettentisch mit dem dreiteiligen Spiegel flatterten zwischen den geschliffenen Flakons und Kristall- und Silberdosen die womöglich schon bezahlten Kohlen- und Milchrechnungen, auf der grün-grau gerippten Samtchaiselongue lag ein Haufen roter Häkelwolle, ein Band Maupassant, Zola und Josef Ponten, die Kommode nickte unter der bunten Last von Briefen, Manuskripten, einem riesigen Nähbeutel aus lila Wildleder, unzähligen Familienphotographien, Schlüsseln, einem großen atlasbezogenen Nadelkissen, in dem hübsche alte Broschen steckten, einer Vase mit Rosen, Telephonlisten und Speisezetteln, Weihnachtsgaben, von Kinderhand gefertigt; der graziöse Schreibtisch bog sich unter zwei Schreibmaschinen, Lateinbüchern meiner Brüder, russischen Lexikons und Schachteln von Extrabitter Katzenzungen. Übertrieb ich, da ich von liebenswürdig chaotischer Fülle und Lebensmitte sprach, wenn ich noch dazu bedenke, daß das Schlafzimmer meiner Mutter von früh bis spät in freundlich aufgerührter Bewegung war? Eine magnetische Anziehungskraft schien es zum Herzen des Hauses zu machen. Hatte das Fräulein dort nicht mit hochrotem Kopfe eine Klage vorzutragen, so wollte ein Handwerker instruiert, eine Magd mit Geld versehen sein; und rief der Papa nicht zum Spaziergang, so wollte der Hofschneider blassen, etwas närrischen Angesichts die neue Robe anmessen oder ein Kind vertröstet sein. Wir brachten alle unsere Freunde ins Schlafzimmer meiner Mutter, auch die Hunde fanden ihren Weg dorthin, und alle Telephongespräche fanden dort statt, einschließlich der Bestellung von 28 Wiener Schnitzeln und einem trunkenen Ferngespräch mit Gerhart Hauptmann. Er allerdings mochte darauf bestehen, mit Papa persönlich einen Gruß auszutauschen, so daß meine Mutter – wider das heilige Gesetz – im Keller Weisung gab, das Telephon auf «Arbeitszimmer» umzustellen. Da mochte denn der Papa sein Grüß Gott und Hallo und sein mildes Gelächter versenden, wobei es wenig klar war, wieweit jene beklommene Höflichkeit in seiner Stimme dem Apparat, dem seltenen Vorkommnis des Telephonierens als solchem, und wieweit es dem venerablen Freund und Kollegen galt. Und nun schwieg das Telephon, und wir erzählten einander unsere Träume, kicherten und kosten, und jener ganze Tumult mütterlicher Pflichten war im grünlichen Dämmer des Sonntagmorgen begraben.

Werktags früh um sieben trafen sich die Geschwister zur «Katzenwäsche» im Badezimmer, verzehrten gierig das Kleiebrot mit Kunsthonig, sagten ade zur Mama und machten sich auf den Schulweg. Während meine Geschwister mit der Trambahn die halbe Stadt durchqueren mußten, brauchte ich nur über einen Zaun zu steigen, um ins «Schülchen» zu gelangen. Ja, mein Vater – der übrigens gerade die Fensterläden seines Schlafzimmers öffnete, da wir das Haus verließen, und auf uns herunterlächelte – erkundigte sich oft angelegentlich bei mir, wie es im Schülchen gewesen sei. Und obwohl – oder weil das Wort durchaus zutraf, kränkte es mich gar ziemlich. War das Privatinstitütchen im nachbarlichen Gartenhaus etwa nicht mit richtigen Schulbänken und einem Katheder ausgestattet, und stand es nicht unter der Leitung einer Lehrerin, die – obzwar sie eine flötensüße Stimme hatte – nicht selten einem der sechs Elementarschüler mit einem zierlichen spanischen Rohr «Tatzen» erteilte, wobei sie allerdings selbst kreideweiß wurde? Ich erinnere mich nicht, wer behauptete – die Geschwister oder der Papa –, die Lehrerin küsse mich immer auf den Kopf, was darauf hinwies, daß man dem Privatinstitütchen im nachbarlichen Gartenhaus jede Seriosität absprach. Und ich war wirklich froh, als ich in die «Volksschule» kam und Teil der vollwertigen «rauhen Masse» wurde.

Die Volksschule mochte an die tausend Kinder fassen, die wie ein rumoriges Element die grauen Mauern füllten. Ich ging leidenschaftlich gern in die Volksschule, ich war verliebt in sie – womöglich, weil sie einen neuen und wunderbaren Kontrast bildete zu dem hochindividuellen Zuhaus. Lenkte ich meine Schritte schulwärts, an einem Novembermorgen – kalter Nieselregen verhüllte die Straßen –, so löste sich wohl das Elternhaus, das nur aus Schleiern zu bestehen schien, in nichts auf. Das Ränzlein saß mir wie ein Buckel unter dem grünen Lodencape, das im nassen Winde flatterte, und indes ich das Näslein aus der Kapuze gen Himmel reckte und die Stirn leicht runzelte, tauchte ich mit frechem Ernst im Allgemeinen unter. Arbeiter, die mürrisch oder pfeifend zur Fabrik gingen, Fräulein in Schwarz, das säuerlich-kokett zu ihrem Büro trippelte, Männer, die so früh schon Kohlen in einen Keller schaufelten, der Krämer, der mit einer langen Hakenstange die eiserne Jalousie seines Ladens hochschob, ein übermütiger Student, der mit dem Taxi zur Universität fuhr, der Straßenkehrer, der melancholisch das faule Laub zusammenfegte, viel radelnde Jugend mit Mappen und ich – alles fügte sich zu einem rätselhaften Ganzen im kalten Nieselmorgen. Und als ich den Anlagenhügel mit den nackten, feuchten Büschen hinter mir, den großen freien Platz überquert hatte und heinzelmännchengleich durch das Schulportal geflitzt war, tauchte ich vollends im prosaischen Zauber des Ganzen unter. Das Kameradengewimmel auf den Gängen und Treppen, in den Sälen und Höfen, treibend und tragend, war gleichsam vom Geist der Masse, dem man oblag und diente, überwacht und beherrscht. Obwohl ich im Grund wußte, daß der Pedell die Glocke läutete, wollte mir scheinen, daß sie von eben jenem Geist geläutet wurde, und sie läutete denn auch jedesmal aufs neue mit universeller Kraft – gebietend, erlösend – bis in mein Mark hinein. Ich mag mich rühmen, in meiner Volksschulzeit eine brillante Schülerin, ja bei weitem die beste der Klasse gewesen zu sein – ganz im Gegensatz zu meiner sonstigen Schulzeit –, wohl, weil das neue Erlebnis des Vielen mich schlechthin inspirierte. Ein Mädchen namens Sturm Babette war damals meine Freundin. Sie trug ein hemdartiges Kleid aus Rupfenstoff und große Holzstiefel, einen langen Zopf auf dem mageren Rücken und sprach Dialekt wie ein Droschkenkutscher. Trotz meiner Sympathie für einen prinzlichen Knaben mit weißen Socken und Rehaugen, dessen Rede wie Vogelgezwitscher war – vor allem bei den Zischlauten, sagen wir bei «Sonne», «süß» und «schön» –, nahm das Idiom der Droschkenkutscher – der revolutionären Nachkriegszeit übrigens recht gemäß – überhand in mir, wofür ich zu Hause tüchtig verhöhnt wurde.

Nicht nur die Sturmbabetten, auch wir trugen Rupfenkleider und Holzstiefel und stritten uns wie die Möwen um ein Stück Brot. Wenn die Mama nicht ihre gesamte Energie für das Ergattern einiger Extra-Eier oder -Milch verwandt hätte, wobei sie es nicht scheute, freundlichen Umgang mit finster-frechen Schleichhändlern zu pflegen und bei jedem Wetter Überlandpartien mit dem Rad zu machen, so wären wir Kinder wegen Unterernährung einfach nicht herangediehen. Unser Möwengezeter war am gemeinsamen Mittagstisch, wo Papa präsidierte, auf ein gieriges Hissen herabzudämpfen, was in Anbetracht von herrlich rosa Schaumspeisen uns nicht leichtfiel. Das Zeug mit silbernem Löffel, würdigen Angesichts, zu essen, scheute sich wiederum mein Vater nicht, wie denn überhaupt Form und Sitte daheim über die sinistre und kärgliche Zeit einigermaßen hinweghalfen. Unsere Rupfenkleider hatten sogar einen gewissen Schick, wir wußten mit den Holzstiefeln leise zu treten, und unsere mit Ersatzseife gewaschenen Pagenköpfe durften nicht ungekämmt sein: selbst eine wirkliche Not wäre von einem form- und menschenwürdebesessenen Geist irgendwie übertuscht und überwunden worden. Ich wuchs also in einer Art kunstvoller Ordnung und fiktiven Wohlstands auf, der mir gut anschlug, mich aber, etwaigen Unwesen gegenüber, um so empfindlicher machte. Hungrige, Frierende, vom Kriege Beleidigte trieb es zu Verbrechen und Verzweiflungstaten, und ein «Herrschaftshaus» war oft Objekt des Neides und Hasses. Es schien – oder war umlungert. Es war schrecklich genug, wenn das Zimmermädchen als Diebin entlarvt, polizeilich verabschiedet wurde, oder wenn es im Souterrain dubiöse Bräutigame empfing, die behaupteten, der Hund habe ihre Hosen zerrissen, und unter furchtbaren Drohungen einen neuen Anzug von meiner Mutter forderten. Aber das Unwesen war zu meinem höchsten Schrecken auf die Spitze getrieben, als ein Mann sich vor unserer Gartentür erschoß. Das Schauerliche und Unbegreifliche erfuhr wenig Linderung in meinem Gemüt dadurch, daß der Selbstmörder fehlgeschossen hatte und kurz nach seiner Tat von Papa mit Cognac bewirtet wurde. Es war im Winter zur späten Teestunde, als der nahe Schuß ins Dunkel fiel und Papa unverzüglich auf die Allee hinaustrat, wo er einen Menschen verenden zu sehen meinte. Im spärlichen Schein der Gaslaterne lehnte einer, verdrehten Auges einen Frauennamen röchelnd, an unserem Gartenzaun, auf dessen weißen Latten Blutspritzer waren. Der glatte Armschuß hatte keine ernsten Folgen, und der fremde junge Hysteriker hätte wohl auch ohne Papas Cognachilfe in dies Leben zurückgefunden. Sicher ist, daß das Ereignis schaurig und mein zarter, sensationsabgewandter Vater es helfend zu ergründen zur Stelle war. Nicht als barmherziger Samariter, dem das edle Herz schwellen mochte, vielmehr entsprang seine ruhige, entschlossene Bereitschaft dem unbewußten kalten, sachlichen Gefühl der Notwendigkeit. Auf ihn, den eher Fernen – den der Engländer «aloof» nennen würde –, war im Elementar-Menschlichen immer zu zählen.

Der ewige Kampf um das Gelingen – um jene Selbstbefreiung –, das inständig ichwärts gekehrte väterliche Wesen wirkten einschüchternd, ja beklemmend auf uns und gewährte uns zugleich eine große Freiheit. Unser Kindertun und -lassen stand im Licht einer im wahrsten Sinne des Wortes liberalen Instanz, das zornig oder nervös aufflakkerte, aber sich uns nie versagte. Unsere Mutter, die in der Tat unser Dasein regelte und betreute, nährte sich und ließ sich leiten von diesem Licht. Papas Liberalismus mochte uns zu spüren geben, daß in diesem Leben alles möglich, vielleicht alles entschuldbar sei, daß aber das persönliche Ich weitgehend für sich selber aufkommen müsse, für alles verantwortlich sei und sich nicht wundern dürfe, wenn ihm Unrecht geschah. Er mochte uns ferner zu spüren geben, daß es geboten sei, das Möglich-Unmögliche mutigen Sinnes heranzulocken, sich mit ihm gut zu stellen. Die Welt bestand aus dem Greifbaren, Faktischen, Wirklichen, Abnutzbaren, Beschränkten; und aus dem, das man glaubend selber schuf, dem Wahren, Grenzenlosen. Der Rationalist und «Trockenköstler» lebte dem ersten nach; der Romantiker und Schwelger dem zweiten. Aber beides hochanständig zu verbinden und verweben war das Ziel des ganzen Menschen. Ganz war er dadurch, daß er das Mögliche und Unmögliche, die Realität und Phantasie, das Wirkliche und Wahre, Beschränkte und Schrankenlose, Begrenzte und Grenzenlose Hand in Hand gehen ließ, ihr Miteinandergehen tolerierte, indem er sein ganzes Wollen daransetzte, ihnen gleiche Rechte einzuräumen. Die Tatsache zum Beispiel, daß mein Vater einst okkulten Sitzungen beiwohnte und den Kunststücken späterhin entlarvter Geistervirtuosen gläubig gebanntes Interesse entgegenbrachte, deutete auf jenes Allumfassende seiner Natur hin und war vielmehr

Zeichen religiösen Tolerierens als dunkel-verspielten Dichterwesens. Strahlenden Blickes trug er uns bei Tisch seine Erlebnisse vor – wie das Medium sich in Agonie gewälzt, die Schleier vom Boden aufgestiegen und Gestalt angenommen und wie Jenseitiges ihn kalt und deutlich angerührt. Ja, der Papa war in jenen Tagen ganz spiritistisch aufgelegt und fuhr zweimal die Woche in Gesellschaft eines benachbarten Privatdozenten – der ihn dazu «verführt» hatte – in der blauen Trambahn zu den Sitzungen. Meine Mutter – ein «mathematischer Kopf» – akzeptierte diese Dinge bestimmt nicht, aber sie akzeptierte seinen Glauben, wie denn, wenn immer es Anpassung und tiefen Takt ihm gegenüber zu wahren galt, sie nie fehlte. Für uns Kinder gab es nur noch okkulte Spiele. Soweit man das «Spiele» nennen konnte. Denn was mich betrifft, war ich überzeugt, daß der Geist aus dem Tischchen sprach, um das wir händeberührend im dunklen Zimmer hockten. Durch ein leichtes Heben eines Beines buchstabierte es klopfend seine jenseitigen Prophetien, jeweilig unterbrochen von bockigem Abwesendsein, das wir durch konzentrierte Bittrufe beizulegen hatten, und nur diese höchste Konzentration bewahrte mich vor Zähneklappern. Schließlich war man in direktem Kontakt mit der anderen Welt – dieser ehrenvolle Graus spannte mir Glieder und Sinn.

Außer dem «Tischrücken» im Freundeskreis gab es noch das Mitternachtrendezvous im Speicher zwischen mir und meinem um ein Jahr älteren Bruder. Das Klingeln der Weckeruhr, das uns fünf Minuten vor zwölf aus dem Schlaf gerissen, erstickten wir unter dem Federbett, und wir stahlen uns mit fliegendem Herzen hinauf ins Gebälk. Mein Bruder, barfuß, im kurzen Flanellhemd wie ich, hielt eine brennende Kerze und wies mir den Weg. Ich folgte ihm. Der

Speicher war selbst bei Tage wenig geheuer, ein Ort ausrangierten Lebens. Zwischen allerlei Vergangenheitsgerümpel mochten Mäuse huschen, Ahnenbilder lächelten mild aus Spinnwebendämmer, und entweder herrschte dort dumpfe Hitze oder triste Kälte. Es hingen heute nacht dort weiße Laken über Seilen, die im Flackern des Kerzenlichts leise wehten. Es geschah, daß mein Bruder hinter einem solchen Laken verschwand, und ich, mich alleine sehend, einen kleinen Schrei von mir gab. Aus Schreck darüber löschte mein Bruder die Kerze aus, und ein so vollendetes Grauen erfüllte mich, gegen das ich mich mit heroischen Kräften zu wappnen hatte. Tatsächlich stählte die Furcht mich nun so, daß ich Verachtung fühlte, als ich ein feines Stöhnen aus einer Ecke wahrzunehmen glaubte. Es war mir nicht genug: jetzt dürstete mich's nach wahren Spukorgien, die dank meines fiebrigen Heroismus und gläubigen Draufgängertums mir nicht versagt bleiben sollten. Was vermag die Furcht des Kindes nicht alles auszurichten, seine Einbildungskraft grenzt ans Schöpferische – und ich mag gut und gern von unserer «Geisterkreation» reden, als zwischen den mondbeschienenen Laken erst ein schäumender Pferdekopf sichtbar wurde, ein Stulpenstiefelbein im Bügel, ein wehender weißer Waffenrock und endlich das große milchige Antlitz des Welttyrannen Napoleon unserem gebannten Blick sich darbot. Er hatte den Mantelkragen hochgeschlagen, das Haar klebte ihm in der bleichen Stirn und, die Rechte auf dem Herzen, schaute er mit seinen düster-mokanten Augen, über denen eine tiefe Falte eingegraben war, in die Ferne. Mein Bruder stellte ihm stotternd und lispelnd die Frage, bei der er sogar halb französische Brocken einstreute, ob die Zeit bald gekommen sei, da er (mein Bruder) Weltbeherrscher sein würde, worauf der scharf geschwungene Mund des Herrlichen bebte und ein hohl schallendes «oui» herunterwarf. Dann löste sich das Bild in nichts auf. In unsere Betten heimgekehrt, dauerte es ziemlich lang, bis unsere Gemüter sich entspannt hatten und der tiefe Kinderschlaf uns wieder aufnahm. Am nächsten Morgen wußten wir nicht, ob wir dies alles träumend oder wachend erlebt hatten, aber die offene Speichertür und ein am Boden liegendes Laken bedeuteten uns, daß Napoleon uns wirklich erschienen war.

Die undurchsichtige Zeit, die das Kind – das gegenwartsgläubige – durchlebte, ließ den Wechsel der Jahreszeiten ihm als etwas Definitives, als tiefen Einschnitt des Lebens erscheinen. Waren die letzten Blumen verblüht, war das letzte Laub gefallen und brannte in der Diele der Kamin, so hieß das Abschied, Abschied von den oft so warmen und so leuchtenden Herbsttagen, an denen man den Fluß entlangradelte oder durch den Englischen Garten spazierte. Der Herbst in unserer Stadt war besonders schön und geradezu von einem trügerischen Glanz – welch dunkle, unwirtliche Wochen würden folgen! – und wann würde er wiederkehren? Wenn die ersten Flocken fielen, so hieß das Winter, Winter auf unabsehbare Zeit. Unser Garten sah traurig darein, bis er sich damit abfand. Sein melancholisches Gesicht hellte sich auf, ja bekam den Ausdruck lustigen Friedens, als er endlich schneebedeckt und sonnenbeschienen dalag. In den eisigen Ästen der Birken, die in symmetrischen Gruppen den viereckigen Rasenplatz zierten, hüpften die Spatzen und manchmal ein Eichhörnchen mit einem wunderschönen, buschigen, rotbraunen Schwanz. Die Zierbäumchen links und rechts von den Rosenbeeten, die jungen Tannen am Zaun, die Fliederbüsche, die Kastanie und der Laubengang, alles war so weiß, und obwohl unser Garten eher klein und etwas zu symmetrisch angelegt war, hatte er nun in seiner Weißverträumtheit etwas Großes und Landschaftliches. Die parkartige Gegend umgab ihn schweigend.

Da konnte man um die Mittagsstunde, wenn die anderen Familien schon aßen – bei uns aß man spät –, meinen Vater mit seinem Hund lustwandeln sehen. In Hut und Gehpelz und warmen Überschuhen ging er, Stock in der Hand, mit sichtlichem Vergnügen durch die reinliche Einsamkeit. Er ging allein das beschneite Flußufer entlang, manchmal mit einem hohen, klaren Pfiff den möwenjagenden Hund in seine Nähe zurückrufend. Sonntags tummelten wir uns zwischen Hunderten von Rodelkindern hier auf den Böschungen und Hängen, wo wir uns gegenseitig in Waghalsigkeit übertrumpften, und kehrten – nicht selten zerschunden – erst abends heim. Die Stiefel ließen wir im Keller, und wir machten uns strümpflings am elterlichen Teetisch zu schaffen – verbotenerweise –, der in einer lauschigen Ecke des Eßzimmers stand. Hinter der geschlossenen Flügeltür, durch die Zigarrenrauch drang, räusperte sich Papa. Mein Bruder und ich kamen ins Gedränge, wir quietschten, Teetassen krachten, und der Papa, der mehr perplex als gebieterisch aus seinem Arbeitszimmer hervorgetreten war, mußte uns, die wir wie ein Knäuel raufender Hunde am Boden rollten, mit donnernden Worten und einiger Gewalt voneinander lösen. Bald darauf spielten wir miteinander Marionettentheater oder klebten und bastelten zusammen an Weihnachtsgeschenken.

Weihnachten, das war eine Welt, in der die Zeit schrittweise verstrich. Sie verstrich in märchenhafter Spannung und Aktivität und zögernder Ungeduld. Würde auch alles fertig werden, und würden wir alles in allem dem hohen Fest genügen? Ehrgeiz und Freude hielten einander die Waage.

Zwischen dem Basteln und Kleben und Malen, Sticken und Stricken, Komponieren und Dichten gab es die Bummel in der Stadt, wo die Sport- und Spielzeug- und Büchergeschäfte im bunten Christputz aus dem Schneedämmer strahlten. Und es gab die Nikolausfeiern, das Lebkuchenbacken, das Märchenspiel im Operettentheater, die Schulfeste, das Weihnachtsoratorium, und das alles kulminierte, keineswegs endete, im Heiligen Abend selbst, auf den die Festlichkeiten bei Großeltern und Onkeln und Kameraden Silvester und Neujahr und Heiligdreikönig folgten, und erst dann wurde «abgebaut» und aus einem wahren Glücksrausch ins alltägliche Leben zurückgekehrt. Und das war gut. So gut wie ein Stück trockenes Brot nach einer Orgie von Süßigkeiten. Überhaupt war im Grunde alles gut. Denn das Kind – klammerte es sich auch ans Jetzt und Heute, so begrub es dies schließlich doch mit Haut und Haar im Gestern, um skrupellos mit immer neuer Kraft im Morgen aufzugehen. Groß war es im Ersetzen und nahm sich urgeschickt im Flug des Weiterstrebens für das verzagte ein gewilltes Herz. So wurde denn auch jener Glückstaumel begraben und willig für den Alltag eingetauscht. Und dennoch lebte man im tiefsten Grunde das ganze Jahr auf das Weihnachtsfest hin: alle Sehnsucht, alle Erfüllung lag in diesem lichten Ziel. Was konnte es Besseres geben, als am Himmlischen teilzuhaben – das sich mit Tannenduft und Glanz uns offenbarte –, ja des Himmlischen teil zu sein? Bei einer Schulweihnacht wurde die Rolle eines Engels mir zugeteilt: und im zehenspitzenlangen weißen Hemdchen, mit großen goldenen Flügeln, das goldene Sternendiadem im Haar, mit erhobenen Händchen und Gesang spielte ich nicht, sondern war ich Engel! Das kann ich heute noch bezeugen, denn ich sprang von einem sehr hohen Tisch, der als

Wolke verkleidet war, ins blaue Nichts, ohne mir im geringsten weh zu tun – wozu ich in irdischem Zustand nicht fähig gewesen wäre. Ferner glaube ich, bezeugen zu dürfen, daß die Tradition des Festes in unserem Haus besonders gepflegt und geehrt wurde. Dazu steuerte nicht wenig unsere Mutter bei, die mit dem liebenden Fleiß einer Vogelmama all die Herrlichkeiten ins Nest schaffte: doch kam es vor allem von dem festehrenden Geist meines Vaters. Das war nichts Kirchlich-Religiöses, nichts Genaues, Benennbares, sondern eine Rührung und Andacht vor dem Fest als solchem, dessen Urform das Christfest war. Und auf christliche Weise war Rührung und Andacht vor dem eigenen Ich. Es war hohes Innehalten und Verweilen, in dem das Höchste – alles – und das eigene Sein Bestätigung fand. Das Fest, das war der feste Punkt, der in kreisender Wiederkehr erhellte und gebar. Es war schöpferisch, oder doch gab es keine Schöpfung ohne Fest. Liebe und Schöpfung, das war festlich, und kein Wunder, wenn das Fest bei uns besonders festlich war.

Und es ging der Winter dahin, und mit schöpferischer Festlichkeit brach in kreisender Wiederkehr der Frühling herein. Der sonnige Föhnwind wehte, und an den Ufern des Flusses, der voll und lustig war von den Schneewassern in den Bergen, standen Schlüsselblumen und Veilchen. Das Gestrüpp trieb Weidenkätzchen, und manch frischgrünes Zweiglein zeigte schon gelbe Knospen, die nach einem warmen Regenguß mit fast schamloser Schnelligkeit sich öffneten. Dann kam Gewitter und Hagel, und es goß und stürmte und schneite, und die gelben Blüten lagen am Boden. Das war traurig, aber im bunten Chaos von Leben kam es nicht so sehr darauf an. Es würden gleich rosa und weiße Blüten folgen, Mandel- und Kirschblüten und die herrlichen Kerzen der Kastanien und später der Flieder und die Rosen und die Blüten der Linden. Und jene ersten gelben Dahingemordeten waren überhaupt nur so eine kleine Vorvision des großen Blühens. Im Frühling nahm man gar nichts ernst. Man lief mit nassen Füßen herum, setzte sich erhitzt auf einen Stein und ließ sich vom Wind durchblasen, und am nächsten Tag hatte man Fieber. Aber auch das war nicht so ernst. Es war hohes Fieber, Frühlingsfieber – zwischen Rausch und Leid –, durch die offenen Fenster des Krankenzimmers drang der Duft von Jasmin, und in der allgemeinen Ungeduld kam rasch Genesung. – Ich weiß nicht, fiel es in die Zeit jenes Drängens und Treibens und Sprießens oder traf es einfach in die Mitte unseres jungen Seins – der Tod unserer Tante. Sie war die Schwester unseres Vaters und meine Patentante. Und es war das erste Mal, daß wir Kinder der Bestattung eines Verwandten beizuwohnen hatten. Merkwürdig, wie der Tod das Kind schon ebenso berührte, wie er mich heut berührt. Vom Unwiderbringlichen, Unbegreiflichen und auch vom Unzulänglichen wurde ich schon ganz so ergriffen.

Die Einzelheiten vermag ich nicht wachzurufen, doch ich sehe noch die schwarzgekleideten Verwandten und Freunde im Halbkreis stehen, um ein Nichts. Es war ein gewölbeartiger, leerer Saal mit kreidigem Licht, in dem die Schwarzgekleideten im Halbkreis standen, mit blassen, betroffenen Gesichtern. Während die Riten des Todes vollzogen wurden – symbolhaft, mechanisch, das «Eigentliche» nicht berührend –, bohrte sich das Bild der Verstorbenen in unseren Sinn. Der große Blumenhut auf der aschblonden Turmfrisur – das durchsichtige, müd-gezierte Antlitz mit dem blauen schleierigen Blick, der hohen, milden Stirn, der etwas großen, leicht höckrigen Nase, dem kleinen Mund, aus dem ein abgründig-zärtliches Lachen perlte, wobei Rosenröte das Alabastergesicht übergoß – die hilflosen Hände ... Diese altjüngferliche und auch wieder feenhafte, eitle und verwehte und vor allem vertraute Gestalt, wo war sie? Wie oft war ich auf ihren Knien gesessen, und sie hatte mich gefragt, indem sie den schleierig-blauen Blick lächelnd zu mir aufschlug: «Bist du mein klein Engel?», was ich verschämt-schalkhaft bejahte. Ihr silbernes Taufbesteck habe ich bis heute und ihr Angedenken, aber meine liebe Patentante hatte ich vom Tag an nicht mehr, und das war nicht recht. Es war nicht recht oder es wollte nicht stimmen, es machte mich starr. Ich sah nun plötzlich unter den Trauernden im schwarzen Halbkreis ihren großen Blumenhut, und viele Tränen strömten mir aus den Augen. – Wir versammelten uns wie immer am Mittagstisch. Man redete von irgendwelchen Dingen. Unser Vater war blaß. Er tat möglichst «gewöhnlich». Er wollte uns schonen. Und er schien bei uns Schutz zu suchen. Er war erregt, er litt. Litt um so mehr, als die Rede des Pfarrers weit über die Zeit gedauert und ihn um seine geplante Ansprache gebracht hatte. Nun trug er diese Abschiedsworte noch mit sich herum wie eine schale Last. Aber vielleicht war es gut so. Vielleicht war es gut, zu tragen und zu schweigen, alles offen und ungesagt zu lassen – angesichts des Unsäglichen.

Außer auf das Höchste und Beste – Weihnachten – lebte man auf die großen Ferien im Sommer hin. Gab die Schule auch einen gewissen moralischen Halt und spürte man die Unentbehrlichkeit dieses gesellschaftlichen, sittlichen, bildenden Fundaments – auf das man sogar mit einigem Stolz und etwas Liebe sich stützte –, so waren die «Großen Ferien» doch das eigentliche Leben. Privates gegen Öffentliches, Auferlegtes gegen Selbsterstrebtes, Gesetz gegen

Freiheit – diese Gegensätze zu versöhnen, übte man sich bei dem Wechsel von Schulzeit und Ferienzeit. Ich hatte eine Lehrerin, die bei anbrechendem Herbstsemester, statt Grammatik mit uns zu treiben, jedes Kind nach seinen Ferienerlebnissen befragte. Und so herrschte tagelang muntere Aufgeschlossenheit, und es war hübsch, wie der Saal der Strenge und der Pflicht die kindlichen Abenteuer aus Wald und Berg großzügig zu quittieren schien. – Sommer. – Die Hitze hatte beinahe etwas Feierliches. Man war hell und duftig angezogen und bewegte sich mit Maß. Nachmittags lag der Papa, die Augen mit einem Taschentuch bedeckt, auf einem Liegestuhl im Schatten der Birken. Die Luft war so still und satt. Ich sammelte die Rosenblätter, die wie bunte Teppiche auf dem versengten Rasen lagen, und setzte mich unter die Kastanie – wo es schön dunkel und kühl war. Ganz leise summend machte ich Muster aus den Rosenblättern auf dem Tisch. Nach dem Tee liefen wir in unseren blau-weiß gestreiften Badeanzügen auf der Wiese herum, wo wir zu unserem größten Ergötzen abwechselnd von beiden Eltern mit einem großen Gartenschlauch abgespritzt wurden. Nach Sonnenuntergang konnten wir durch die offene Flügeltür des Arbeitszimmers, die auf die Heckenrosenterrasse führte und tags wegen der Hitze geschlossen war, den Papa im weißen Leinenanzug an seinem Schreibtisch sitzen sehen. Vor dem Schlafengehen kramten wir in unseren Spielsachen und Büchern, beratend, was auf die Ferienreise mitzunehmen sei. Es gab viel zu ordnen, abzuwägen und bedenken – in ein paar Tagen sollte es losgehen. Da saßen wir nämlich sieben Mann hoch samt einem großen schottischen Schäferhund und vielem Gepäck im Drittklaßcoupé und rollten gegen das Gebirge. Während der dreistündigen Bummelzugfahrt lutschte man fast unentwegt von den Fruchtbonbons, die in der Tasche schmolzen, zählte die Telegraphenstangen und schaute auf die vertrauten Flecken – die Wälder, Almen und Gehöfte –, an denen man voriges Jahr und alle Jahre vorbeigefahren war.

Nun lag eine lange schulfreie Zeit vor uns. Und so wie die Freiheit ganz uns gehörte, so gehörten wir auch ihr. Das Kind benahm sich von Natur recht anstellig in ihren schönen, gefährlichen Landen, es wurde schon fertig mit ihr. Instinkte halfen ihm, dazu die Ordnungsliebe und eine tiefe Sachlichkeit. Ja, das Erstaunliche bei dem kindlichen Erleben und Zeitfüllen war seine tiefe Sachlichkeit. Und je phantasiebegabter es war, desto stärker und ungetrübter war jene Sachlichkeit. Man möchte sagen, wie kalt und methodisch war seine Hingabe an das Spiel, bei dem es galt, sich selbst etwas weiszumachen. Dies war kein Hund, sondern ein verwunschener Prinz, und dies war kein Garten, sondern ein Königreich, und dies war nicht mein Bruder, sondern ein Räuberhauptmann. Das Spiel war gelungen, wenn man es glaubte, und der Glaube bedurfte einer kühlen Überlegenheit. Es hatte gar keinen Sinn, sich zu übereifern und erhitzen, der Rausch hätte einen schnell aus der erfundenen Wahrheit in die Wirklichkeit zurückgeworfen, und die Langeweile hätte den Sieg davongetragen. Ich war nicht ich, sondern eine Hexe: und um mich vom Ichstand zum Stand der Hexen zu erheben, mußte ich mit mannhafter Kühle mich selbst opfern. Das Interesse des Kindes an den Dingen überhaupt war vorwiegend sachlicher, ernster, selbstvergessener Art.

So kam es, daß es die Zeit eigentlich nie verschwendete, sondern unentwegt sich in ihr heranbildete. Ich konnte zum Beispiel stundenlang unter einem Baum sitzen und dem Leben der Ameisen zusehen, und es war gleichsam ein unbewußtes Studium des eigenen Lebens. Ihr kleines Tun mochte ich, ohne zu wissen, auf das große Tun beziehen. Ihre Bewegung faszinierte mich, prickelte mir förmlich in allen Gliedern. Erst waren es die wimmelnden vielen, die ich ins Auge faßte, dann suchte ich den Weg der einzelnen Ameise zu verfolgen. Das war nicht leicht, weil sie immer wieder im Gewimmel unterging. Ich suchte sie an einem Merkmal zu erkennen, aber sie waren alle gleich. Was taten sie? Sie eilten kreuz und quer über das Häuflein brüchiger Erde, angetrieben vom Rhythmus des Seins. Und manchmal verschwanden einige von ihnen in den Sprüngen und Rissen dieser Erde. Ihre gegliederten, gleichsam muskulösen, winzigen Leiber schienen unermüdlich, und ihr emsiger Sinn schien heilig verbunden mit dem Leben. – Wir halfen dem Bauern beim Heuen, gingen in die Himbeeren, badeten im moorigen Waldweiher, spielten in unserem Garten und bummelten durch die breite, holperpflastrige Dorfstraße mit den alten, buntbemalten Häusern, Brunnen und Kapellen. Innerhalb unseres freien, unbeschwerten Daseins fühlten wir wohl jenen Rhythmus, der keinen Stillstand duldet und jedes Dasein in eine Art Geleise weist. Und unser hübsches Landhaus in einem großen Garten zwischen Feld und Wald, von herrlichen Dahlienbeeten und alten Bäumen umstanden und mit dem Blick auf kleine finstere und ferne bläuliche Berge war voll vom rhythmischen Pulsschlag des väterlichen Daseins.

Daß der Papa hier wie dort sein Arbeitszimmer mit Büchern und «Reliquien» und seine festen Arbeitsstunden hatte, versteht sich. Aber ob er nun mit der Mama im Garten Tennis spielte oder ob er mit uns auf die Berge stieg oder uns vorlas – manchmal wurde solch eine Vorlesung in seinem urgemütlichen Studio von krachenden Gewittern unterbrochen – oder ob er den äußerst temperamentvollen schottischen Schäferhund zum Waldspaziergang aufforderte, der sich vor Freude siebzehnmal jaulend um sich selbst drehte: all sein Tun war so «vorbestimmt»: «Der Papa spielt Tennis» hieß eben, daß er in diesem Augenblick etwas anderes zu tun höchstens durch ein krachendes Gewitter zu bewegen und dieser Fakt zu respektieren sei. Das hatte nichts Herrisches oder gar Schrulliges, sondern bedeutete, daß seine Beschlüsse und sein Tun unter dem Zwillingsstern von Wollen und Müssen reiften. Unter dem Stern des Wollens und Müssens war folgender stehender Scherz: Beim Mittagsmahl – dessen ländliche Properkeit durch kupferne Fingerschalen und silberne Messerbänkchen eine fast zu distinguierte Note erhielt und das wir regelmäßig um halb zwei Uhr einnahmen, bedient von unserer prallbusigen, meist festlich gestimmten Magd, saß ich, bei weitem die Kleinste, auf einem kissenerhöhten Stuhl neben dem Papa. Nach der traditionellen Suppe – bis heute Papas Lieblingsnahrung –, einem Fischauflauf, kleinem Dessert und einem Glas Bier, zündete sich der Papa eine Zigarette an. Durch die bläuliche Rauchwolke fühlte ich seinen Blick auf mir ruhen. Genauer – er ruhte auf meinen Haaren. Um es gleich zu sagen, meine Haare waren lang und seidig-dunkelblond und lockig. Aufreizende Haare. Ich tat, als ob ich seinen Blick und ein kleines Zucken seiner Hand nicht bemerkte, und blickte meinerseits nach den Blumen in der Mitte des Tisches. Da fühlte ich ein kleines Herumwirtschaften in meinen Haaren. Und eh ich mich versah, war das Messerbänkchen auf hoffnungslos kunstvolle Weise in meinen Locken verwickelt. Ich wußte nicht, ob ich lachen oder weinen sollte, war hin und her gerissen zwischen Verzweiflung und Entzücken.

Papa erging sich in amüsiertem Entsetzen, und so gut wir beide versuchten, das Ding wieder aus dem Haar herauszudrehen (Papa wickelte es im Grund immer tiefer hinein!), es blieb darin gefangen. Erst nach zähem, tränenlachendem Kampf war ich wieder befreit.

Es war der finstergrüne Tannenwald mit seinen Geheimnissen und Düften, es waren die großen Wiesen mit dem fetten Klee, Dotter- und Glockenblumen und dem Bienengesums, es waren die Berge im dramatischen Donnergewölk und Abendglühen, es waren die langen, geduldigen, fruchtbaren Landregen, nach denen die Frösche aus dem sumpfigen Grase quakten und wir barfüßig die schwimmenden Pfade nach Schnecken absuchten, die wir dann brieten, es waren die freundlichen Bauernkinder, die bunte Marktstraße mit den vertrauten kleinen Läden, wo sonntags bärtige Männer in Lederhosen auf einem Girlandenpodium Schuhplattler tanzten, ohne die unsere Kindheit, unser Ferienglück sich gar nicht denken lassen. Drunten in der Zeit lebt unversehrt das rüstig-elegante Haus mit seinen holzgetäfelten, teppichbelegten Stuben; der goldbraune Moorweiher; die Himbeerstauden am Waldrand, wo wir Kinder in unseren hellblauen Bauernkleidern täglich um die Wette pflückten in Begleitung der Mama, die mit ihrer schwarzen «Gretelfrisur» in einem langen weißen Leinenkleid mit einer bulgarischen Handstickerei wie eine fein-exotische Bäuerin aussah; die unerschöpflichen Spiele im großen Garten mit unserem schottischen Schäferhund … Ihm gebührt der Ehrenplatz dort drunten. Der Großpelzige, Majestätisch-Schwankende, mit dem treurollenden Blick, war danach angetan, unseren herrscherlichen Freund und Beschützer abzugeben. Das «Hüttchen», Aufbewahrungsort von Gartengerät, Liegestühlen und Tennisschlägern, war der Lusttempel des mächtigen und gütigen Sultan Motz, der in einem zerrissenen gelben Bademantel, mit einer Efeukrone auf dem Haupt, seine Untertanen mit Gewittern zu bestrafen, aber sie vor allen Übeln der Welt zu bewahren wußte. Als der Gang von Motz zu schwankend, sein Auge zu rollend, sein Maul zu schäumend, sein siebzehnmaliges jaulendes Drehen zu schnell geworden waren, mußte er erschossen werden. Eines Mittags hörten wir drei Schüsse. Und wir wußten, jetzt ist er tot. Es herrschte Trauer, und die folgenden Sommer saßen wir um sein Grab, das wir mit Efeu und Dahlien schmückten und mit einem schönen Stein.

Im Zusammenhang mit dem schönen, gleichsam erbarmungslosen Lebensrhythmus, den unser Vater besaß, und der uns gewissermaßen fortan trug, stand die Musik. Sie spielte bei uns immer eine große Rolle, und zwar weder auf ausübende, professionelle noch bloß liebhaberische, dilettantische, sondern schwer zu definierende und recht einmalige Art. Bei uns wurde zum Beispiel keineswegs Kammermusik getrieben wie in manchem kultivierten Haus, mein Vater improvisierte gelegentlich vor dem Abendessen auf dem «Blüthner», das war alles. Sein Verhältnis zur Musik war zugleich passiv und bemüht, leidend und kämpferisch – es war ein Einbeziehen, Einverleiben der Musik in seine Kunst, sein Leben. Es hat schon manchen musikeingeweihten Dichter gegeben (Hermann Hesse, Franz Werfel, Romain Rolland usw.), doch hat es kaum einen Künstler gegeben, der sein Laientum (denn Papa *ist* bei alledem ein Laie in der Musik) in einer zweiten, ihm nicht angehörigen, nicht ausübenden Kunst auf so hohe und totale Weise verwertete, wie Papa es getan hat. Daher ist nicht nur er in die musikalische Welt eingedrungen, sondern er hat auch sie immer angezogen. Dirigenten, Komponisten, Musikologen haben immer eine besondere Vorliebe für ihn gehegt und ihn gewissermaßen zum Ehrenbürger ihrer Domäne ernannt. Wäre aber Papa ein «verdrängter Musiker», hätten die Musiker nicht jenen verehrenden Hang für ihn, den sie eben für den von Grund auf musikverbundenen Dichter hegen.

Ich habe dies als merkwürdige, einmalige Tatsache festgestellt und bitte recht sehr, es nicht als «töchterliches Hymnengeschwätz» aufzufassen. Unser Großvater (mütterlicherseits), der ein großer Wagnerianer war und – so legendär es klingen mag – mit dem sächsischen Operngiganten in Bayreuth persönlichen Umgang gepflegt hatte, bereicherte unsere Kindheit und Jugend mit seinem allsonntäglichen Musizieren. Der zierliche, etwas barocke, hochmusikalische Greis saß auf dem Podium seines fürstlichen Musiksaales mit zwei Flügeln und spielte gemeinsam mit einem Freund die zweiklavierigen Opernauszüge des «Ring», Tristan, Parsifal, Holländer, Lohengrin, der Meistersinger und «Feen», denen wir auf den goldbortigen samtenen Wandbänken etwas benommen und ergötzt lauschten. Unsere Großmutter, die sehr unmusikalisch war – dafür ausgezeichnet Dickens vorlesen konnte – und als bloße Dekoration dasaß – eine sehr würdige Dekoration übrigens, denn sie saß da sehr aufrecht, im Spitzengewand, mit ihrem schönen weißgepuderten Gesicht, Silberlöckchen, Lorgnette in der beringten Hand –, klopfte uns auf die Finger, wenn diese in der Benommenheit auf die goldbortigen Samtpolster geraten waren. Da sich mir Wagnersche Musik zuerst im Rahmen jenes großväterlichen Pomps eingeprägt hatte, der uns nicht wenig imponierte, aber auch manch gestrenges Wort und Händeklaps eingebracht hat, assoziiere ich ihr Wesen gerne mit Glanz und Schreck. Die kirchenhohen Decken mit den Stuckschen Fresken, gobelinverhängte Wände, Damastfauteuils – die leicht spukhafte Pracht des Ahnenhauses widerhallte mit süßer, zugleich männlicher hypnotischer Kraft vom Walkürenritt, Karfreitagszauber, Liebestod und Geistersturm, daß es herrlich und nicht recht geheuer war. Beinah wollte ich sagen, Wagner ist eigentlich so recht etwas für Kinder, mit seiner gewaltigen Theaterseele, aber sie ist eben zu gewaltig für das Kind. Daß Papas «Askese» dem «Wagnerischen Pomp» entgegensteht, mag man mit dem sprichwörtlichen «Gegensätze ziehen einander an» begründen. Seine tiefe und liebende Kennerschaft von Wagner entspringt wohl nicht zuletzt dem «Kind in ihm», der Liebe fürs Theater und hier für das gewaltige musikgetragene Theater. Daß er ihn eines Tages mit verklärtem Lächeln «alter Schurke» nannte, ist bezeichnend, denn es zeugt von seiner etwas «sündhaften Liebe» zu ihm, die er aber keineswegs aus seinem Leben verbannen will.

Neben den Konzert- und Opernbesuchen gab es die häuslichen Grammophonabende. Papa bediente mit Ausdauer und Bedächtigkeit den anzukurbelnden Apparat. Das universelle Repertoire – das zum Beispiel Lieder von Schubert, Strauß und Wolf enthielt, das Klavierkonzert von Tschaikowsky, Verdi-Arien, Weber-Ouvertüren, die Fünfte Beethovens, Mozarts Kleine Nachtmusik, die Erste Brahms', Don Pasquale von Donizetti, den Schlußchor aus der Matthäuspassion – ertönte zwischen den holzgetäfelten Wänden unserer Diele mit den drei Fenstern, die von dunkelroten Seidengardinen verhängt waren, und wir lauschten, teils auf den Fauteuils unter dem Kronleuchter am Kamin, teils auf der «roten Treppe» sitzend. Wir fanden, daß Papa sehr gut ankurbelte und auf natürlich-souveräne Weise für Ruhe und Gesammeltheit sorgte. Sein Zuhören war ansteckend – ein besonderes Zuhören; er hörte mit seinem ganzen Wesen zu, das im Rezeptiven zugleich schon ein produktives war.

Ich kann sagen, daß mit der Geburt der «Kleinen» – zwar war ich noch ein Kind – meine Kindheit beendet war. Bisher «Nesthäkchen», wurden in mir durch die beiden Nachgeborenen mütterliche Gefühle erweckt. Wann ich nur konnte, begab ich mich ins Zimmer der Geschwisterchen, wo ich mit größtem Interesse sämtlichen Babyprozeduren beiwohnte und bald lernte, sie selber vorzunehmen. Es wurde zu meiner Passion, die Kleinen zu füttern, zu wickeln, zu herzen, sie einzuschläfern und zu amüsieren. Mit großer Teilnahme erlebte ich ihr Zahnen und Gehenlernen, und ich legte meinen ganzen Eifer darein, sie das Sprechen zu lehren. Dabei verfiel ich auf die abenteuerliche Idee, ihnen das Zungen-R beizubringen, und es war ein wahrer Triumph, als nach raffiniertem, geduldigem Training sie es in dem von mir erfundenen Wort «Tschintadigore» makellos auszusprechen wußten. Da sie das Wort mit lässiger Eleganz und exotischem Schwung hinzuwerfen verstanden, entschloß ich mich zu weiteren, noch kühneren Experimenten ... Unser etwas revuehaftes «Künstlerkleider- und Pagenkopfauftreten», das uns auf der Straße manch «Wer seid ihr denn?» eintrug, wandelte sich durch das Hinzukommen der Kleinen zum «Erwachsenen», «Seriösen». Meine Brüder trugen jetzt kurze Haare, wir Mädchen Zöpfe, wir trugen sportliche Kleidung, und es war alles in allem ein «gewöhnlicheres», anonymeres Dasein. Jenes «Wer seid ihr denn?» und «Bist du das Kind von ...?» schmeichelte und bedrängte uns zugleich. Und wir wußten nicht, ob jenes «Gezeichnetsein» vor den Leuten ein Fluch oder ein Segen sei.

Zweiter Teil

In der «Höheren Töchterschule» – was für ein undemokratischer Name! – tat ich nicht gut. Ich war aufsässig und faul, was zusammen mit der apädagogischen, unförderlichen Atmosphäre der Schule zu Katastrophen führte. Außer «Französisch», «Deutsch», «Turnen» und «Singen» interessierte mich überhaupt nichts: alles andere suchte ich zu «schwänzen», mit Bubenstreichen zu umgehen. Daß ich es nur geradeheraus sage: die Religionsstunde verbrachte ich meistenteils im Kleiderschrank, wo ich mit meiner Freundin kicherte und Schokolade aß, indes die schwarzbehosten, langen Beine des Pfarrers wie eine Gewitterwolke die Fenster des Schrankes verdunkelten. Ein beliebter Aufenthalt während der Naturkundestunde war der Radkeller, wo wir ein leises Klingelkonzert veranstalteten und beim Herannahen von Schritten in eine Art Versenkung schlüpften, wo es Kohlen und zerbrochene Möbel gab. In meinen Physiklehrer war ich verliebt, was er mir mit Sadismus heimzahlte. Konnte ich seine Frage nicht beantworten, ließ er mich – statt mich mit Rüge und schlechter Note sitzen zu heißen – stehen, so lange, bis ich weinte. Dabei stellte er sich dicht zu mir, und, die Hände auf dem Rücken, sein Gesicht dem meinen zugeneigt, sah er mich durchbohrend an. Die Klasse lachte keineswegs, sondern hielt gewissermaßen den Atem an während dieses grausamen Spiels – bis eine oder die andere durch enthusiastisches Fingerheben versuchte, mich davon zu erlösen. Das war der Physiklehrer mit den englischen Anzügen, dem hellblauen Blick und dem blöndlichen Spitzbart, den ich trotzdem standhaft weiterliebte. Aber der zum dramatischen Ende, nämlich zu meiner

Entlassung führende Mann war der Lehrer der Geschichte. Wenn ich es heute recht bedenke, war er wie ein Spinnerich, der die Mücke ins Netz einspinnt. Er seinerseits war viel zu «familiär» mit uns, überschritt die Grenze des Statthaften, und nachdem er uns weit genug ins Unstatthafte gelockt hatte, schloß er plötzlich das Netz mit der Anklage, uns käme solches Betragen nicht zu. Er schüttelte dann sein obszönes Nikolausgesicht, so daß es dunkelrot wurde, rollte die Augen, und ich glaubte in seinem schwarzen Vollbart ein häßliches Rauschen wahrzunehmen. Derartiges wurde auf so gefährliche Spitzen getrieben, daß ich eines schönen Tages im Bogen aus der ohnedies verhaßten Schule flog. Alles nahm dadurch eine Wendung zum Neuen und Guten: ich kam in ein sogenanntes Landerziehungsheim, wo «Schule» und «Leben» zur harmonischen Einheit verschmolzen. Der Lehrer war zugleich Freund und Mentor, und bei der Disziplin, die dem Kind für den ganzen Tag auferlegt wurde, bekam es bald eine moralische Selbständigkeit, ein Selbstverantwortungsgefühl, bislang ungekannt. Das Zuhause war wie ein Nest gewesen, wo Schutz und Autorität der Eltern im Grund jede Tat «deckten», während dies ein Staat war, ein Reich mit Regeln, Bedingungen und Gesetzen, mit umfassenden Möglichkeiten, sich auszuzeichnen, zu blamieren, avancieren, reüssieren – hier war man nicht «Kind», «Schülerin», sondern «Mensch», und eben dies war neu und gut.

Gut in unserem Fall, wo das Töchterlich-Abhängige in seiner Ausgeprägtheit eine Gefahr bildete. Alles stand jetzt unter dem Aspekt der Ganzheit: die Schüler oder Zöglinge waren Kameraden, Mitmenschen, vor denen man sich ebenso umfassend zu beweisen hatte wie vor den Obrigkeiten: hier gingen – auf elementare Art, versteht sich –

Pflicht und Humanität und Freude Hand in Hand. Ehre und Freundschaft setzte man besser nicht aufs Spiel, Glaube, «harte Hingabe» an den Jugendstaat waren geboten, Weichlichkeit war verpönt: aber der Lügner mochte wochenlang unter Sabotage stehen, niemand durfte mit ihm reden. Da die Gemeinschaft hier alles galt, fühlte er sich wie ein Aussätziger. Das ehemalige Kloster – von einem süddeutschen Prinzen zum Internat verwandelt – lag in einer fruchtbaren, lieblichen Gegend. Von Obsthainen, Ackerland, Wald und Rebenhügeln umgeben, berührte der Schulkomplex das prinzliche Anwesen, das wiederum an Dorf und Pfarrgemeinde grenzte. Dahinter lag der große Sportplatz, wo die traditionellen Hockeyturniere und olympischen Spiele stattfanden, die – nach englischem und griechischem Muster – ein wesentliches Lebenselement darstellten. In den spartanischen Viererzimmern des «Südflügels» – mit den Klappbetten, einem eisernen Ofen und einem Studiertisch – wohnten die Mädchen, im «Nordflügel» die Knaben, die jedoch ein gemeinsames Dasein führten. Die zellenartigen Zimmer, die teils auf den Prinzengarten, teils über das Land hin blickten, hatten einen eigenen Reiz, nicht am wenigsten, wenn es draußen weiß und frostig war, der Ofen brannte und die Mädchen – im Alter zwischen 12 und 17 Jahren, von denen eines «Zimmerführerin» war – da beisammensaßen. Um neun Uhr abends mußte das Licht gelöscht sein, und um halb sieben Uhr morgens weckte uns die sonderbar heisere Stimme des Hausburschen zum Dauerlauf. Natürlich schlief man abends um neun nicht ein, sondern unterhielt sich im Dunkel mit allerlei Schabernack und Phantastereien, wobei ich gar nicht selten Lacherfolge erntete. Zu dem enthusiastischen Pädagogen, der an der Spitze des Institutes stand, blickten die Kinder jeden Standes und jeder Rasse mit verehrender Sympathie auf. Es mischten sich da aristokratische, proletarische, jüdische, womöglich uneheliche Kinder zu einer Gemeinschaft, zu einer freien, gleichsam kosmopolitischen kleinen Welt.

Über dieser Welt des Sports, der Musik, Naturforschung, Handwerkerei und des Spiels standen die Schlagworte «Kameradschaft» und «Menschenehre» geschrieben. Der starke und konsequente Geist der Schule hat seine Wirkung bei den einstigen Zöglingen über die Jahrzehnte hin nicht verloren: erst neulich begegnete ich einem «Knaben» von dort, und wir fanden mühelos in jene Welt zurück. Das bunte und arge Stück Weltgeschichte, das zwischen uns lag, hinderte mich nicht, in diesem Herrn den schönen Vierzehnjährigen spanischen Geblüts von damals zu erkennen, mit dem ich musiziert und Kartoffeln gebuddelt hatte (der übrigens wegen seiner exotischen Schönheit für meinen Vater das Modell des «Jungen Joseph» vorstellte), und indem wir einander ohne weiteres duzten, tauchten wir unvermittelt in jener Zeit unter. Während die damaligen deutschen Staatsschulen nach Sadismus, Antisemitismus und Nazismus rochen, war der Geist der Landerziehungsheime human, und ich kann jenem «obszönen Nikolaus» nur dankbar sein, daß er mich aus dem Lyzeum «Höherer Töchter» verbannt hat. Damals schloß ich zwei Freundschaften, deren ich heute gedenke. Da war ein Mädchen, hager und bebrillt von Ansehen, die mit ihren langen, dünnen Gliedern, wie überhaupt mit ihrem ganzen Wesen nicht recht umzugehen wußte. Sie war grundgescheit und grundsympathisch und faßte – ich weiß nicht wieso – eine große Sympathie zu mir, hatte – wie man so sagt – einen Narren an mir gefressen. Fehlte ihr auch das klassische Äußere, so befaßte sie sich viel mit Griechisch und Latein, las viel und hatte bei ihrer zu ernsten, unbeholfenen, fast tragischen Art auffallend viel Sinn für Humor. Ja, wenn man sie recht kannte, war sie letzten Endes ein humoristisches Geschöpf, konnte sich ausgießen vor Lachen – ich sehe und höre sie in diesem Moment, wie sie juchzte, piepste und jauchzte vor Vergnügen, wie die Spaßestränen unter ihrer Brille hervorrannen, die sie dann abnehmen mußte: und – merkwürdig – wenn sie die Brille abnahm, tat sie mir immer so leid: sie hatte dann so etwas «Bloßgestelltes», «Verwundetes». Die Buben zogen sie auf, hatten sie aber gern: man wußte, daß sie «fair» war und im Notfall jeden aus der Patsche zog. Wir saßen nicht nur nebeneinander in der Schule und bei Tisch, sondern wir teilten auch das Zimmer, sangen nebeneinander im Chor, verbrachten zusammen die Naturforscher- und Buchbindernachmittage, aus Sympathie spielten wir beide «Back» im Hockey, liefen zusammen um die Wette – wobei sie mich schlug, sie konnte erstaunlich schnell laufen –, und wir hielten zusammen bei der «Schnitzeljagd» in den großen Wäldern.

Das also war die eine Freundschaft. Die andere war die mit einem jüdischen Waisenkind aus Berlin, das Gott mit einem großen musikalischen Talent gesegnet hatte. Der stark semitisch – fast arabisch aussehende Elfjährige hatte etwas von einem anmutigen Bettelknaben. Auf seinem intelligenten, zarten, von dicken schwarzen Locken umrahmten Gesicht schwebte leicht ein ironisches Lächeln, ein Lächeln, das schon viel wußte und auch wieder voll reizender Unschuld war. Da er zu bläulichen Händen neigte, trug er fast immer wollene Handschuhe, die seine Großmutter in Berlin für ihn strickte. Diese Großmutter schien das Einzige und Beste, das er auf dieser Welt besaß, und er erwähnte sie mit geheimnisvoller, gleichsam etwas spöttischer Zärtlichkeit – wie überhaupt von dem Knaben etwas Geheimnisvolles und Süß-Spottendes ausging. Er war wegen seiner Zartheit und seiner «Pianistenhände» von manchem dispensiert, und während die anderen Kinder Sport trieben, konnte man ihn in seinem abgeschabten Lodenpelerinchen einzelgängerisch durch die Gegend ziehen sehen – aber meistens saß er am Klavier. Oft scharten wir uns um den Flügel herum und bestaunten ihn. Aktives Talent – Können zeugt immer von Reife, und wie war dies hier mit dem exotischen kleinen «Bettelknaben» mit den bläulichen Händen zusammenzureimen? Eben diese bläulichen Hände schienen sich zu verwandeln – zu vergeistigen, veredeln, während sie die Tasten belebten. Und das arabische Köpfchen war plötzlich voll bunter und starker Ausdruckskraft – zwischen frecher Heiterkeit und wehmütiger Lust. Er improvisierte Opernpotpourris – dynamisch und harmonisch einwandfrei –, ergänzte seine pianistische Darbietung durch stimmliche Imitation von Blasinstrumenten, Baß- und Koloraturgesang, galoppierte wie ein tolles Pferd über die Klaviatur hin, erging sich zurückgeneigten, verträumten Hauptes mit langen Armen und Fingern in lyrischen Partien. Ein Tausendsassa, dieser Knabe! Und er war nicht das im Samtanzug auftretende Wunderkind, dem man hysterische Handküsse und Blumen auf das Podium warf, sondern unser Kamerad, mit dem man befreundet sein konnte. Der Musiklehrer behandelte ihn wie seinen eigenen Sohn. Man sah sie die klösterlichen Korridore oder im Park auf und nieder gehen, der «Vater» die Hand auf den Schultern des Knaben. Der Ältere war ein Mann E. T. A. Hoffmannscher Art. Mit fliegender Mähne und edlen Fingern spielte er die «Kreisleriana» mit so viel schumanneskem Geist, wie ich es seither nie mehr gehört habe. Obwohl sein romantisches Wesen dem Sportlichen der Schule zu widersprechen schien, genoß er dort eine große Beliebtheit. Ich fühlte mich glücklich, wann immer ich dem exzentrisch-rührenden Paar begegnete, und nach und nach gelang es mir, mich ihm anzuschließen. Ich lauschte dem Gespräch über Schumann, Chopin und Brahms, Mozart und Beethoven – manchmal ging es auch um irgendwelche Probleme, oder beide schwiegen. Und ich durfte dem Unterricht beiwohnen und mich mit ihnen in die Sphären der Musik verlieren. Es gesellte sich der schöne junge Spanier dazu und noch ein Jüngling, und wir wurden zu einer kleinen Gruppe, die bei der Tagesplanverlesung zum «Musiknachmittag» beordert wurde. Im «beflügelten» Wohnzimmer, bei Tee und Kuchen, instruierte uns «Kapellmeister Kreisler» in Musikgeschichte, Stilübungen, Improvisieren und Blattspielen, und es war schlechthin herrlich. Mein durchschlagender Erfolg beim Schülerkonzert mit Schumanns «Kinderszenen» bestimmte mich zu ernstem Studium, das ich nach Jahren «links» oder «drunten» liegenließ. Heute, auf meiner Insel, spiele ich nur Grammophon. «Nur»?

Ich kann nicht umhin, einen Lobspruch auf den Langspielapparat einzuschalten. Es gibt kaum einen größeren Genuß, als zu Hause einer guten «LP»-Platte zuzuhören. Im Fauteuil zu sitzen, auf blühende Gärten, Himmel, Fels und Meer zu schauen und – sagen wir, einem Mozart-Quartett, gespielt vom Budapester Streichquartett, zu lauschen – wie ist das? Die Wiedergabe, die sich der natürlichen Aufführung – plastisch, ohne Unterbrechung, ohne Nebengeräusch – wunderbar nähert, das Hören in diesem intimen Rahmen ist rein und beglückend. Die wenn auch winzige und mechanische eigene Tätigkeit, die man dabei leistet, samt der Wahl der Platte, erweckt gleichsam ein «aktives» Gefühl: man wirkt gewissermaßen mit, ist mitverantwortlich für das Konzert – übrigens, jener wortkarge alte Fischer glaubt nicht an Musik. Er lehnt sich gegen sie auf, verneint sie: sogar leidenschaftlich. Das erinnert mich an die Atheisten, die ein Nichts negieren und aus diesem Paradox ihre Leidenschaft schöpfen: nicht wissend, daß sie mit dem doppelten Nein ein Ja kreieren. Er hört einem Mozart-Quartett zu. Plötzlich ruft er – Was bedeutet es? – Er fragt verzweifelt – Was ist es, was stellt es dar? – Er verlangt nach Inhalt, Sinn, Berechtigung der Töne, nach einem Vorbild, das in ihnen zu erkennen sei, nach ihrem Ursprung, ihrem Ziel. Er lauscht – Was bedeutet es? – schreit er – Was sagt es aus? – will er wissen, und es klingt wie eine Forderung zum Duell – wie fecht ich's mit ihm aus? Ja, ein Lied mit Worten ist dir wohl eher begreiflich – sag ich – Programmusik, Untermalungsmusik (im Film), Tanzmusik, da sie Atmosphärisches, Stimmungsmäßiges darstellen, der Bewegung dienen. Aber dies Mozart-Quartett, was bedeutet es? – Ich stammle – Abstrakte Sprache – Fusion des eigenen Herzens mit dem universalen Herzen: aus dem universalen Herzen stammt der Rhythmus – im Rhythmus ist schon Ton, in dem andere Töne mitschwingen – Harmonie und Melodie stellen sich ein – der Äther ist voll Musik, sie muß nur aus der Stille erweckt werden – das menschliche Genie braucht nur in den Äther hineinzuspüren und die Töne erwecken, erfinden, finden, sie zusammenfügen zum klingenden Mosaik, das sich fortspinnt ... Er lacht spöttisch – Ich erkenne nicht, verstehe nicht. – Das Ohr leitet die Schwingungen des Äthers zum Gehirn – stammle ich weiter, das durch sie leicht, schwebend, beseligt wird wie durch kostbarsten Wein, und das

Gehirn überträgt diese Wirkung auf die anderen Organe und Sinne: der ganze Mensch schwimmt, schwebt nun gleichsam, geht auf in den Sphären der Musik. Jedem bedeutet sie etwas anderes, jeder reagiert anders: so wie Champagner oder Opium auf jeden eine andere Wirkung ausüben: manche werden wehmütig, religiös, sentimental gestimmt, andere leichtsinnig, draufgängerisch, wieder andere offenherzig, mitteilsam, zärtlich. Aber in jedem, der sie hören kann, erweckt die Musik irgendein Insichgehen und ein Relationsgefühl, irgendein Gefühl der eigenen Verbundenheit oder des Partizipierens am Universum. Man spricht von den moralischen Kräften der Musik. Ob sie gut oder bös ist, wer weiß es zu sagen? Sie steht wohl außerhalb und über solchen Begriffen und Werten, entspringt viel eher der menschlichen Sehnsucht nach Ewigkeit: klingendes Spiel aus der ewigen Zeit, ewigen Stille: aber die menschliche Schöpfungskraft, das menschliche Genie entspringt immer allen Zonen, den oberen und unteren, den himmlischen und dämonischen. Ich versuche, den Grund von seinem Aufbegehren, Zorn zu entdecken – offenbar ahnt er etwas Großes, gegen Kleinigkeiten lehnt man sich doch nicht so auf.

Die abendländische Musik ist dem sensitiven Italiener fremd, er spürt Tiefen, die er nicht erreicht, erstarrt auf halbem Wege, protestiert, verurteilt. Ich sage noch – Du darfst kein Vorbild in der Musik suchen. Mag sie auch sublimierte Stimme der Natur sein – Wind, Donner, Vogelsang –, so wäre sie hundertfach sublimiert und unkenntlich. Gleichwohl magst du dir vorstellen, daß du sie im Äther findest, so wie der Fischer die Perlen findet im Meer oder der Gräber Gold im Boden. – Er pustet spöttisch. Daraus wird ein Pfeifen, ein Liedchen ohne Worte. – Nun, was bedeutet das? – frage ich obenhin – Dein Pfeifliedchen? Nichts – sagt er – all unser Geschwätz geht darin auf. – Gut – sage ich. Übrigens – füge ich hinzu –, unsere Musik ist eine sehr junge Kunst, sie ist schnell erblüht, hat rasch ihren Höhepunkt erreicht, sich nicht weiterentwickelt, ist vielleicht degeneriert, gesunken: es besteht also die Möglichkeit, daß diese Kunst aufhört, daß es sie nicht mehr gibt, eines schönen Tages. – Das wäre schade – murmelt er und pfeift wieder ...

Zu den nettesten Begebenheiten jener Landschulzeit gehört unsere (fragmentarische) Opernaufführung des «Figaro», wobei unsere Gesangslehrerin die Gräfin, jener musikalische Jüngling den Grafen, der «Tausendsassa» den Pagen Ottavio und ich selbst die Susanna gab. Das beste dabei war wohl die eigene echte Begeisterung. Jung und dumm, wie ich war, hat dies Mozart-Erlebnis tiefe Spuren in mir hinterlassen. Das offizielle Singen und Darstellen dieser Musik war – es sei schlichten Tons festgestellt – für das Kind erhebend. Wir hatten immer mit viel Freude und Fleiß geprobt – das «Briefduett» sang ich schon im Traum – und standen nun in Bereitschaft für den großen Abend. Es waren Einladungen an die Dorfbewohner ergangen, an den Bürgermeister, den Pfarrer, den Doktor, an benachbarte Bauern und Edelleute. Im Wohnzimmer gab es unzählige Stühle und eine Bühne mit Vorhang. Der Theaterfriseur eines nahen Provinzstädtchens war gekommen, uns zu schminken und kostümieren: ich fühlte die volle Verantwortung und Verzaubertheit einer Miniaturdiva. Ich trug einen Reifrock mit drei Unterröcken, eingeschnürte Taille, eine Perücke und Schichten von rosa und weißer Schminke. Kurz vor dem Auftreten wurde ich durch eine Behauptung meines Bruders, der auch Zögling des Internats war, einigermaßen verwirrt. Er behauptete nämlich, ich sähe aus wie «Tante Mimmi». Tante Mimmi (Gott hab sie selig) war unsere stattliche, ja überstattliche Tante, ich aber war Susanna, Susanna! Ich warf meinem Bruder ein «Du bist verrückt!» hin und bat ihn im übrigen, mir «den Daumen zu halten»: Er tat es, es klappte alles wundervoll. Ich kann sagen, es war ein Haupttreffer meiner frühen Jugend, «Presse und Publikum» verhießen mir eine glänzende Opernkarriere – als ob Verheißung nichts wäre! – Zur Erfüllung kam es indes nicht.

Wir lebten in dieser Welt, ohne uns nach Hause zu sehnen, denn es war eine ausgefüllte Welt. Traten wir jedoch die Ferienreise an, wurden wir von einem Fieber der Freude ergriffen. Die selbständige Reise, und – sagen wir – zur Weihnachtszeit, bei Wind und Nebel von weit her kommend, im elterlichen Hafen einzufahren, war ein Ereignis der Rührung und Gewichtigkeit. Dann mochte das Kind erzählen, wie gestern noch die Schule in Gruppen in den nächtlichen Wald ausgezogen sei, wie wir immer tiefer in sein kaltes Schweigen eingedrungen seien, geleitet bloß vom Schimmer des Schnees, und wie wir nach einem anderen, helleren Schimmer Ausschau gehalten, den wir nach langem, vielleicht stundenlangem Herumirren – wobei mancher zu weinen angefangen habe – wahrgenommen, immer deutlicher wahrgenommen hätten, bis wir endlich den Platz erreicht hätten, wo eine besonders schöne, ebenmäßige Tanne im Lichterglanz dagestanden sei – mit Hunderten von Lichtern, Schmuck und Gaben –, und wie wir dann, als keiner mehr fehlte, Weihnachtschöre gesungen hätten, und wie der kalte, starre Wald davon ganz warm geworden sei … Und wie wir dann am nächsten Morgen in verschiedene Richtungen gereist seien, und wie wir an der Umsteigestation auf den Anschlußzug so lange hätten warten müssen, der Verspätung gehabt hätte, wegen des Schnees, und wie man so lange auf der harten Bank gesessen, den Koffer zwischen den Beinen und die Mütze über den Ohren, und immer auf die trüben Fensterscheiben geschaut und furchtbar gefroren hätte – und wie endlich ein dumpfes Beben unter den Füßen das Herannahen des Zuges angezeigt hätte, und wie der Zug dann plötzlich herangebraust gekommen wäre und die Schneeluft mit seinem schwarzen Rauch und Getöse erfüllt hätte, und wie man dann die ganze Fahrt habe stehen müssen auf den kalten, gedrängten Gängen – und daß es gut sei, jetzt zu Haus zu sein.

War man immer zu Hause, merkte man das eigene Vorwärtsschreiten nicht, wogegen nach einer monatelangen Abwesenheit der gereifte Sinn alles neu zu erleben vermochte. Alles war dasselbe, aber nicht das gleiche geblieben. Die subjektive Veränderung übertrug sich auf das Objekt, ließ es in anderen Tönen und Schattierungen erscheinen. Das Vertraute – vorher bloß so hingenommen – wurde durch die Entbehrung ins Bewußtsein aufgenommen und gesteigert, und das Wiederhaben des selben aber nicht des gleichen erzeugte ein Gefühl des Dankes und der Kritik. Eben dies Bewußtwerden des Vertrauten bildete einen Teil der Reife, mit der allmählich der Wille zum Eigenen sich einstellte, Urteil und Neigungen, der Kontakt mit dem Fremden, die innere Unabhängigkeit. Hier begannen die Schwierigkeiten und die Schönheiten – hier begann das eigentliche Leben, das freilich im Lichtkreis des Vaters stand, von dem man nicht wußte, ob es ein Fluch oder ein Segen war ... Jenes Alter war wohl das problematischste, da es einerseits besonders stark auf äußere Einflüsse reagierte, ja auf solche angewiesen war, und andererseits dem Eigenen, Originellen volles Recht einräumte und einem äußerst subtilen Prozeß des Harmonierens von Innen und Außen unterworfen war.

Wir wissen, wie man zu jener Zeit zum Nachahmen neigt, wie man schwärmt und nachäfft, Werten und Menschen launisch und wechselhaft gegenübersteht und mit Idealen jongliert, wie zugleich das echte Ich sich herausbildet – wie das Individuelle, Wahre in einem Meer von Neugier, Lust und Unruhe sich zu verankern sucht. Deshalb ist jene Zeit in ihrer bedeutenden Buntheit im Rückblick schwer zu fassen. Es ist zu viel und nichts über sie auszusagen, mit ihren Konflikten, Komplotten und Komplexen, mit ihrem Drang nach allem und Mangel an Form gleitet sie aus den Händen, entgleitet sie der Erinnerung – man schämt sich gleichsam ihrer und ist auch wieder zu stolz, sie preiszugeben. Übrigens weiß man nicht genau, wann sie anfängt und aufhört, jene Zeit, da wir nicht aus Schubladenteilchen bestehen, das Drama des Seins nicht in Akte abgeteilt, sondern ein einziges Sichfortspinnen ist. Es gibt jedoch Fäden im Gewebe, die hervortreten und glänzen, es gibt im großen Lied ein hohes Klingen der Spannung und Verkündung, das in einer Dominante sich löst, auf die von jeher alles abgezielt, die aber noch nie erklungen war und die von nun an in immer neuen Tonarten auf immer erklingen sollte. Eine solche Dominante ist die Liebe. Und obwohl durch sie noch einmal alles recht gründlich in Unordnung geriet, begann mit ihr eine neue Ordnung und Zuversicht. Mit ihr endete sozusagen das große Einatmen und begann das Ausatmen, Sichveräußern und -verströmen, der Wille zu Ausdruck und Form. Alles wurde nun festgelegter und klarer, artikulierter, und obgleich man vom Stamm sich löste, Affekt und Bindung nach außen, aufs Fremde sich verlegten, wurde die Welt nun kleiner und faßbarer.

Es würde wenig in die «Luft» dieser Seiten passen, wollte ich in ihnen nun meine «erste Liebe» enthüllen. Und sicherlich war sie überhaupt ganz ähnlich wie deine und deine ... So viel sei gesagt – wir sahen einander täglich, und nachdem wir uns getrennt hatten, schrieben wir einander einen Brief, der uns am Tag unseres nächsten Treffens erreichte: dies Sichüberschneiden wirklicher und brieflicher Schwärmerei war seltsam. Das Gestern oder Vorgestern in dokumentierter Form erhöhte das Heute, es war wie konkrete Perlen in der abstrakten Kette unseres Beisammenseins. Und weil es ja so sehr lange her ist, darf ich wohl noch sagen, er war ein Bauernsohn aus dem Allgäu und hieß Charly. Übrigens glaube ich, daß die Liebe bei all ihrem selbstischen, oft sogar terroristischen Wesen im Grund ein rein dienendes Phänomen ist, da sie das Leben trägt. Und da ich dies glaube, rufe ich meiner *ersten* Liebe jetzt zu – wer weiß, ob sie es hört – Heil dir! – Unsere Stadt hatte den großen Reiz der Munterkeit, die aus einer landschaftlichen Nähe kam – als eine Art ländlicher Metropole war sie vital und vertrauenerweckend. Es war eine Stadt, wo Fremde und Einheimische, Sportler und Künstler, Bürger und Bohème, Volk und Aristokratie einander duzten, eine Stadt, die mit ihrer kosmopolitischen Gemütlichkeit aus dem Vielerlei ein erfreuliches Ganzes machte. Der Trambahnschaffner witzelte mit dem langlockigen Poeten; der Baron Soundso vom Schloß Soundso sprach den Dialekt und hatte das zutrauliche, etwas bärenhafte Wesen der Gegend; das patrizische Fräulein ehelichte den Teufelsbuben von einem Ski-Champion; und der katholische Bauernjüngling, der Kruzifixe schnitzte, ging mit dem exotischen Prinzen der Bohème, und das Bierbrauertöchterchen lachte sich den jungen Philosophen an.

Es war eine ungezwungene, offenherzige Stadt, in der jeder mit jedem sich verstand, jeder zu seinem Rechte kam und sich zu Hause fühlte. Jene Offenherzigkeit – die offene Kritik und naive Gemeinsamkeit hatten italienischen Einschlag, was wiederum mit gewissen Baulichkeiten à la Fiorentina übereinstimmte. Und eben jene südlichen Elemente in unserer rauhen Gebirgsstadt waren eine andere reizvolle Kombination.

Bei uns daheim waren die Kleinen schon herangewachsen, die Mittleren Studiosi und verlobt, und die Großen machten Weltreisen. Unser Haus hätte manchmal einem Hotel geähnelt – so abwechslungsreich und bewegt ging es da zu mit Logiergästen und gesellschaftlichen Ereignissen aller Art –, hätte es nicht zuletzt sein privates, im Grunde stetes Gesicht bewahrt. Jenes etwas turbulente Treiben war nur an der Oberfläche, darunter wachte mit wohlwollender Ironie der zugleich gefügige und dominierende Geist des Hauses, dem kein Getreibe etwas anhaben konnte.

Unser Vater dominierte auf passive Weise – weniger sein Tun als sein Sein bestimmte uns. Er war wie ein Dirigent, der seinen Taktstock gar nicht zu regen brauchte und das Orchester durch sein bloßes Dastehen beherrschte. Ein Zucken mit der Schulter, mit dem Augenlid, ein kleines Aufstampfen eines Fußes des Dirigenten wies den etwa irrigen Oboisten schnurstracks in seine Bahn. Übrigens war es ein recht modernes Improvisieren, wobei jeder spielte, was er wollte, und nur gewisse Grundgesetze waren einzuhalten, und man mußte schon grundfalsch spielen, ehe … Zum Beispiel schickte Papa Geld nach Tokio oder Honolulu, was keineswegs vorgesehen war, aber von wo improvisierte Hilferufe der «Großen» in Kabelform eingelaufen waren. An unseren exzentrisch-ausgelassenen Festen nahm er teil und amüsierte sich auf seine Art. In Anbetracht der verballhornten Negertänze, deren wir uns befleißigten, wäre sein etwaiges Zucken oder Stampfen nicht ins Gewicht gefallen. Er stand in der Flügeltür zwischen Studio und Diele, die Arme verschränkt, ein Lächeln auf seinen Lippen, und seine große Zehe wippte rhythmisch im Lackpantoffel. Als er einem hübschen Jüngling oder Mädchen im Vorbeitanzen zunickte, hatte sich für einen Augenblick hinter der feinen goldenen Brille etwas vertieft. Nach dem bedrohlichen «Charleston» legte Papa persönlich einen Straußwalzer auf, den unsere Mama mit dem schönsten Jüngling des Abends tanzte – jenem Jüngling, der dem Lorchen in «Unordnung» das Herzeleid zufügte … Ich trug das fraisfarbene «Stilkleid», und Papa sagte – Wenn das Charly sähe! – In «Pucki» – ein grünes, goldverbrämtes Lederbändchen, das meine Mama über mich vollgeschrieben hat – steht, daß mein Papa gesagt habe – Die Moni ist schalkhaft, nichts weiter. Dies «Nichts weiter» deutet darauf hin, daß Papa das «Weitere» mir zwar abgesprochen, doch immerhin erwogen hat.

Es fragt sich freilich, was das gesteigerte Schalkhafte denn eigentlich ist. Ein hoher Schalk ist in meinen Augen zum Beispiel Puck, der Waldgeist. Seine Domäne ist flüsterndes Gefilde, wo holder Schabernack, Kobold der Natur, sein Wesen treibt, heilig-unentdeckt … Erwogen und verworfen hat's Papa. Aber ich muß gestehen, daß ich viel für Waldgeister übrig habe, für heilig-unentdeckte Natur. – Draußen in unserem Land – kein Dorf, ein einzelner Hof, ein Feld, ein Wald ohne Pfad – bloß ein verblasener kleiner Ziehweg, den man unvermutet dorthin eingeschlagen hatte –, wenn da die Sonne ihr Abendlicht verstreute und blutrot in einen Acker sank, wenn dann der Dämmer kam, vor Bangigkeit die Stille schrie, und wenn unter dem nackten Fuß die Erde schwarz und innig wie eine junge Witwe war, wenn tausend Rappen durch die Lüfte trabten, die vor den Mäulern schäumten – letztes Tagessilber, das dann auch verging, wenn die Nacht den Wald, das Feld, den Hof umarmte und Ruhe war – Ruhe vom Licht, so daß die Welt ein freier Schatten war, in den man drang wie ein Tänzer, ein Elf, der allen Raum mit aller Zeit vermählt –, und wenn man dann den Kopf an rauhe Rinde legte und nicht mehr konnte, nicht mehr konnte – nur schlafender Elf im harzigen Duft der Vergessenheit wär!

Draußen in unserem Land ... Mit meinem feuerroten kleinen Sportwagen – die «Opelette» – war ich schnell hier: auf dem Land. An einem schönen Abend mochte es mir einfallen, zu irgendeinem unserer vielen Gebirgsseen zu fahren, die voll eines kräftigen Zaubers waren. Schönheit, vor allem Naturschönheit erfüllt mich zunächst mit einer Art Wehrlosigkeit – ich fühle mich halb und halb von ihr angegriffen. Gleichsam gegen sie ankämpfend, suche ich in ihr jenes «Weiter»: ich fülle sie gleichsam mit Sinn, es muß ja doch ein Sinn in der Schönheit sein, nur so halte ich ihr stand. Und indem ich Kontur und Farbe, Wind und Wolke in mir aufnahm, wurde es zum Gedicht ohne Worte, zum Gebet ohne Worte, zur lebenden Poesie, in der ich schwamm und kletterte und Blumen pflückte und auf den Händen ging und braun wie Schokolade war. Aber eins der allerbesten Dinge war das Gleiten auf Skiern durch unsere Schneelandschaft. Es war das Lustige an diesem Sport, vereint mit dem Sauber-Wunderbaren verschneiter Tannenwälder, weißer Bergpanoramen, dem Reinlich-Tollen eines Schneesturms und dem glockenklingenden Blau eines sonnigen Winterhimmels, das mich beglückte. Das konzentriert-sieghafte Hinab, der leichte, stäubende Sturz durchs glitzernde Element, das Dahingleiten im bläulichen Dämmer, das Phantastisch-Keusche des Winterlichen war eigentlich der Inbegriff des Jungen und Schönen.

Ich kann mir sehr gut vorstellen, daß selbst ein Tapergreis, der das Leben sonst kaum noch merkt, in dieser Weiße erwacht, und daß unter dem glockenklingenden Blau des Himmels seine Glieder sich spannen, sein Herz sich weitet und seine alten Blinzeläuglein zu hellen, frohen Augen werden. Ja, er mag sogar ein wenig ausgelassen werden, der Alte, eine rote Zipfelmütze auf das Silberhaupt sich setzen und ganz sanft von einem Bein auf das andere hüpfen. Und ein paar Kinder – von der Kälte mit laufenden Nasen, aber lichtem Lachen – mögen sich um ihn scharen und ihm singend und pfeifend eine Maske vors Gesicht hängen, so daß er nun aussieht wie ein Krokodil. Die Kinder mögen bunte Papiermützen tragen und Masken, so daß sie aussehen wie Katzen und Clowns und Zwerge, und jemand mag die Drehorgel spielen, und ein anderer eine Kuhschelle schwingen, und ein Baby mit großen roten Hörnern mag jauchzend die Ärmchen recken, und das alles mag «Karneval» heißen. Unser Karneval war etwas Besonderes. Er grassierte in jedem Winkel wie eine Epidemie des Übermuts. Es war kalt um diese Zeit, und ich erinnere mich mit Schaudern einer Faschingsnacht, da es dreißig Grad unter Null hatte und die Mädchen in Ballettröckchen und Goldcoiffuren auf den Straßen zu Eisblumen wurden. Unsere Künstler und Professoren, Grafen und Bierbrauer, Ski-Champions und Bürger wurden von der Maskerade ergriffen, und es mutete kühn und paradox an, unseren Krämer, einen Mann nüchternen Wesens, auf dessen Zügen ich niemals ein Lächeln sah, mit einem gelben Zuckerhut, oder einen frostig-zugeknöpften Akademiker als Spaßmacher durch die Gassen spazieren zu sehen.

Sogar Papa und Mama gingen dann und wann auf einen Maskenball. Mama als indische Prinzessin und Papa in einem Talar angetan von bunt-glühendem Glanze – schwarze Schulterlocken, gewaltige Augenbrauen und silberne Spitzpantoffeln –, so zeigte er sich, Zauberstab in der funkelberingten Hand, mit hämischem Grinsen bei uns, die wir vor Überraschung und Vergnügen jauchzten und ihn von der Stunde an den «Zauberer» nannten. Ich tauchte mit Charly im Rummel des Karnevals unter. Er ging als Kardinal und ich als Bettlerin. In aschgraue Lumpen gewickelt, mit tomatenroten Zottellöckchen im weißgepuderten Gesicht, schmiegte ich mich an ihn, der im lila Hemde und Käppchen, mit großem roten Kreuz auf der Brust mir Zärtlichkeiten ins Ohr flüsterte: wir tanzten. Wir tanzten die ganze Nacht – von Jazz und Wein getragen, und von den «kleinen Stunden» – eins, zwei, drei – die so klein und leicht sind, daß es sich von selber tanzt, und wir ohne Gewicht, ohne es zu merken, uns wiegten und drehten, bis Dämmer und Hunger kamen. Auch auf die Masken hatten wir vergessen, oder wir hatten uns an sie gewöhnt: an unsere eigenen und die Hunderte um uns her, die Clowns und Teufel und Bäuerlein, Piraten und Totengerippe, Pierrots und Eskimos, Kosaken, Gespenster, Köche, Gärtner, Kapitäne, Matrosen, Generale, Juden, Boxer, Schwimmer und Könige, Fischer, Nixen, Dirnen, Zigeuner, Poeten, Soldaten und Fakire und ich weiß nicht was – alle diese Masken waren uns im Lauf der Nacht geläufig geworden, und jeder war, was er eben war. Erst dann wurden sie etwas lügenhaft, die Masken, als das Morgenlicht und der Hunger kamen, und mancher war jetzt unkomplett und peinlich anzusehen. Jetzt fürchteten wir uns etwas voreinander und sputeten uns, nach Hause zu gehen durch die fahle Kälte – Taxis gab es kaum. Charly hatte das Kreuz verloren, auch das Käppchen, und ich Bettelfratz legte meine frierende Hand in die seine. Ich trippelte mit ihm durch den knirschenden Morgen. Vor uns ging ein gedrungener Mann in weißen Wadenstrümpfen, der die Maske eines Fuchses oder eines Kojoten oder eines Wolfes in der Hand trug. Er sah sich öfters nach uns um mit einem Blick, den wir nicht mochten, der uns nicht geheuer war. Zum Schluß fanden wir doch ein Taxi, es sauste und schlitterte auf den vereisten Straßen, und wir wärmten einander, ohne des kleinen Athleten mit der Kojotenmaske zu gedenken.

Aber geheuer war es schon lange nicht. Blieben wir immer da, wurden wir es nicht so gewahr, etwa wie wir die schlechte Luft im Zimmer nicht so gewahr werden: erst wenn wir von draußen wieder hereinkommen, verschlägt es uns den Atem. Waren wir also verreist, zum Beispiel in Paris, wo ich eine Kunstschule besuchte, oder weit oben am Meer, und kehrten in unsere Stadt zurück, so fiel uns auf, daß jene «Kojoten» da ihr Wesen trieben. Nämlich die gedrungenen Männer mit weißen Wadenstrümpfen und dem unguten Blick. Wir hatten damals an der Ostsee – hoch oben im kurischen Gebiet, ein Haus. Mein Vater ist an der Ostsee geboren, und es hat ihn immer wieder dorthin oder auch an ein anderes Meer gezogen. Abgesehen davon, daß wohl alle Jugend meerbegeistert ist, sitzt es uns also obendrein im Blut, und wir waren alle glücklich da. Das Haus lag mitten im Kiefernwald, eine Viertelstunde Wegs vom Strand. Es hatte braune Holzwände, blaue Fensterläden und ein Dach aus

Stroh und blickte auf das Binnenmeer, das sogenannte Watt. Ein einheimisches Mädchen, das mit seinem urfesten Körper und blonden Zopf aussah wie eine kaukasische Bäuerin, betreute uns. Barfuß, im schweren weiten Rock, schritt sie durch den Wind, und wenn dieser ihr den Rock in die Höhe trieb, rief sie jubelnd, so daß ihr breites rotes Gesicht noch ein wenig breiter und röter wurde – Die Sünd, die Sünd! Es ist erstaunlich, wie das Meer uns aus der Zeit und dem Geschehen rückt, wie es so etwas Tröstliches hat und uns rein erhält. Seine desinfizierende Kraft wirkt nicht bloß auf den Körper, sondern auch auf die Seele.

Wir schweiften durch die schier endlosen fein- und weißsandigen Dünen, durch die endlosen Kiefernwälder, wo der Salzwind rauscht und wo zwischen den Stämmen plötzlich ein Tier steht, gleichsam vor Andacht gebannt – hirschartig und doch kein Hirsch, denn es ist mächtiger, mit enormen Schaufeln – da steht es zwischen den Stämmen wie verwurzelt, dahinter steht noch eins, da seitlich zwei, drei, ein erstarrtes Rudel solcher majestätischer Schaufeltiere, die man «Elche» nennt. Sie ließen uns ganz nahe an sich herankommen, ohne sich zu rühren und ihren hold-starren Blick von uns zu wenden: sie hatten wohl keine Angst, da sie als eine Art Heiligtum der Gegend nicht gejagt wurden. Erst wenn wir sie greifen konnten, machten sie kehrt und trampelten von dannen, so daß der Waldboden dröhnte und bebte. Und wir streiften den endlosen Strand entlang und wir tobten in den Wellen und wir schweiften abends unter den Sternen, die nirgends so hell und klar und mannigfach sind wie über dem Meer. Und wir ließen uns von Sonne und Wind bräunen und beleben, sahen dem Mond zu, wie er schwand und wuchs, ließen einen Tag um den anderen sorglos vergehen. Einmal ließen wir ein Feuerwerk los, und das bunt-zischende Raketenzeug stob zu den Sternen auf, und die Fischersleute staunten mit breiten Beinen und offenen Mündern.

Oft regnete es tagelang. Dann war Meer und Himmel eins, Dünen, Wälder und verstreute Häuser mit Strohdächern – alles zerfloß im nassen Grau, in einer seltsam kräftigen, «untraurigen» Melancholie. Mein Vater, der damals an seinem «Jungen Joseph» schrieb, schien guter Dinge, es war ihm kaum anzumerken, daß er unter den giftigen Strömungen jener Zeit litt. Am Strand beobachtete er gern einen sonnenbraunen Jüngling von schönem Wuchs, der sich da von früh bis spät im Laufen und Springen übte, im Speer- und Diskuswurf, er ging mit hohlem Kreuz auf den Händen, schlug das Rad wie ein Pfau, und es war eine Freude, seinen geschickten Körper zu sehen. «Körperfreude» – wie Papa ihn schlechthin getauft hatte – kam öfters in unsere «Burg», wo er in seiner dunkelroten Trainingshose und Baskenmütze, nackten Oberkörpers mit uns Ball spielte. Wir hatten ihn gern. Doch wie gut konnte man sich «Körperfreude» vorstellen, in Schaftstiefeln und Uniform und – ach! – eine Stachelpeitsche im Gürtel, mit der er gelegentlich ein paar Juden dressierte, auf den Händen zu gehen … In unserer südlich-rauhen Stadt wollte keine rechte Gemütlichkeit mehr aufkommen. Sie schien unterminiert von Ungeist und Sucht nach Macht, die sich wie ein Unwetter zusammenballte.

Eine Bewegung, die aus dem Negativen ersteht, muß unheimlich anmuten; sie, deren Grundfeste die Lüge ist, muß abstoßen. Wie aalglatt kam diese hier zu ihrem Recht! Indem der eine auf den anderen sich berief und stützte; der hinter ihm stand, stützte sich wieder auf den hinter sich, so daß es eine lange, unzerreißbare Kette der Lüge war. Ein

Mann, der im Namen eines anderen handelt – sei dieser gut oder schlecht –, ist ohnedies kein Mann, sondern, des eigenen Willens und der Verantwortung enthoben, ein bloßes Instrument: das Schaurige an der Bewegung war ihre falsche Männlichkeit. Man sah auf den Plätzen und an den Biertischen, wie gewisse Leute sich breit machten, Reden schwangen, in bedrohliches Gelächter ausbrachen oder in verbissener Gedämpftheit konspirierten. Es waren die von Grund auf Unzufriedenen (Feigen, Verworrenen), die unter dem Schutz eines Abzeichens, das sie im Knopfloch trugen – jeder Selbstverantwortung bar –, zu irgendwelchen erstohlenen und erzwungenen Höhen gelangen wollten. Man sah sie nicht nur von weitem und von ungefähr, sondern man witterte sogar in Nachbarn und Freunden den «Konspirierer» und den, der auf Kosten anderer sich in jene ungeheueren Höhen zu schwingen gedachte. Und als sie den an ihre Spitze gestellt hatten, der ihre falsche Männlichkeit und ihre falschen Ideale krönte und repräsentierte, war für uns kein Bleiben mehr.

Dritter Teil

Das motorisierte Mittelalter war hereingebrochen. Technik und Vernichtung, Fortschritt und Sadismus marschierten Hand in Hand. – Das Herz unseres Landes wurde gefoltert. Das Kleine wurde groß, das Niedere kam nach oben, das Unfreie glaubte frei zu sein auf dem Wege der Gewalt. Sprach ich am Anfang dieser Zeilen von jenem inständigen Ringen, also dem Kampf von *innen*, von jenem christlichen Drang zur Selbstbefreiung, so war die «Bewegung» unseres Landes, mit ihrem Durchbruch von *außen*, das Antichristliche. Mein Vater war nicht der einzige gewesen, der das Übel hatte heranwachsen sehen und der, wann immer Gelegenheit sich bot, davor gewarnt hatte. Jetzt, da im vollen Triumph Verbrechen und Wahn im Namen der Freiheit regierten, wandte er sich empört ab. Er saß auf der kleinen Terrasse seines südfranzösischen Studios und blickte entsetzt vor sich hin, blind vor den glühend bunten Blumen, dem blauen Himmel und dem blauen Meer.

«Weltbürgern» war ihm noch unbekannt; er empfand den Verlust der Heimat als den eigenen Untergang. Und seine völlige Machtlosigkeit gegen das Unwesen seiner Landsleute legte ihn lahm. «Nun?» schien sein Blick zu sagen «Ich bin draußen, aber was die da drinnen tun, wohin führt es? Es ist nicht auszudenken.» Und sein Blick ging ins Dunkel, als er jenes verzweifelte «Nun?» zu wiederholen schien. Es war müßig, sich an den Schreibtisch zu setzen. Joseph mochte in der Grube bleiben, von wilden Tieren zerrissen werden, und Jakob mochte weinen. Es war ohnedies alles zum Weinen.

Enteignung, Ausbürgerung, die Bücherverbrennung und

all die anderen Schmähungen und Schmählichkeiten – das persönliche Schicksal war nur ein Krümchen, ein Symptömchen einer spukhaften Entgleisung, einer gigantischen Mißlichkeit, die um sich griff wie das Feuer im Wind. Da die Greuel im Namen einer nationalen Erhebung geschahen, da die Idee des Nationalen einer so vollkommenen Pervertierung ausgesetzt war, wurde «draußen» unwillkürlich ihr Wert auf ein Minimum reduziert oder als eine Art Privatgut bewahrt. Man war «deutsch» oder «französisch», «holländisch», «britisch», «belgisch» auf höchst stille und bescheidene Art. Im intimen Rahmen, im psychologisch-persönlichen Zusammenhang mochte es interessant sein, «was» man war, im öffentlichen Sinn war es nicht mehr wichtig. Unter dem Einfluß der Verhunzung und der kosmopolitischen Strömungen, die an der Tagesordnung waren, schwand das Nationale immer mehr dahin und verwandelte sich ins Universelle. Joseph, Nesthäkchen und Vaterliebling, wurde zum Weltkind. Freiwillig oder nicht, er überwand die Härten, wurde es ganz und war also dazu bestimmt. Auch mein Vater überwand die Härten, wurde es ganz und war dazu bestimmt. Wir alle – im geringeren Maßstab – waren bestimmt, Weltkinder zu sein: übrigens klärte und festigte sich gerade durch diese seelische Erweiterung unsere «Heimat», die jetzt durch den äußeren Verzicht ein rein Inneres wurde. Eine Art Geheimschatz.

Der Exilierte wurzelt im Ursprung, trägt seine geistige Herkunft gleichsam wie Nägel an den Stiefeln, um auf dem Glatteis der Fremde nicht auszurutschen. Mein Vater parlierte französisch, fuhr in einem «Peugeot» und aß «Croissants», aber in ihm vertiefte sich das «Goethe-Erlebnis», die deutsche Liederkunst und anderes mehr. Unversehrtes. Wahre Schätze des Ursprungs, denen das wirkliche Heute nichts anhaben konnte. Oder? Man wurde mißtrauisch, witterte Zusammenhänge – Nietzsche, Wagner, Schiller, Schumann ... «kranke Romantik», «Pomp» und «Heroskult» – was war noch rein? Aber halt! Man schlug auf den Tisch: man durfte sie nicht preisgeben, man mußte sie rein erhalten, es war Pflicht, eine männliche Pflicht. Das erste Heim der Verbannung – oder der Selbstverbannung, denn nur zu gern hätten die «Brüder» meinen Vater für sich gewonnen, schon weil sie ihn als Feind fürchteten –, unser erstes Heim in der Fremde hieß «La Tranquille». Theater, Konzerte und Oper, Vortragsreisen und Empfänge – die Mondänität, von der trotz der arbeitsamen Zurückgezogenheit das Leben meines Vaters gefärbt war, hatte ein Ende. Hier war es still: nachdem das erste Entsetzen und die erste Depression gewichen waren, öffneten sich allmählich Auge und Sinn für die vielfältigen Reize jenes Südens. Die herbsüße Großartigkeit der Landschaft fing an, die Seele ins Schwingen, den Geist in Tätigkeit zu versetzen. Mein Vater nahm seine Arbeit wieder auf, und unser Dasein erhielt ein relativ normales Gesicht. Man faßte gleichsam Fuß im Vagen, nicht wissend, von welcher Dauer und welchen Konsequenzen das «Entsetzliche» für das eigene und das Schicksal der Welt sein würde. Jener Zustand der pessimistischen Spannung machte eine Aktivität notwendiger denn je und erweckte Sehnsucht nach dem Positiven. Wir ergriffen alles Gute wie ein Geschenk, die Schönheit der Landschaft, die Freunde, das Pittoreske des alten Fischerhafens, und schließlich war da das Meer ... Überhaupt schienen wir «draußen» den Eindrücken offener, empfänglicher und sensibler für die wahren Werte, und «La Tranquille» wurde – bei allem Dunkel im Hintergrund – zum

Ort der Arbeit, der freundlichen Zusammenkunft und der Beschaulichkeit.

Wir wurden immer mehr. Nämlich dahin, wo noch Freiheit war, kamen immer mehr von dort, wo keine war. Terror ging wie eine Brunst über Europa, und es war bald kein Platz mehr für uns. Wir überschwemmten die Schweiz und waren froh und dankbar, daß wir es durften. Aber unsere «Überschwemmung» würde das gräßliche Machtfeuer nicht löschen, dessen Flamme jeden Moment herüberschlagen mochte. Es roch nach Weltexplosion. – Bei Kriegsausbruch befanden sich meine Eltern auf einem zum Bersten überfüllten holländischen Schiff, das gen Amerika steuerte. Amerika. Für mich war es vorläufig nur ein Wort oder doch etwas sehr Fernes, Abstraktes, das mich mit einer Art heiterem Respekt, Neugierde und leisem Grauen erfüllte. Schon weil es so sehr weit weg war und weil in meiner Vorstellung die Monotonie der Freiheit und der Gleichheit und des Glücks in einer Exzentrik der Menschen und der Natur ausartete, deren Wolkenkratzer und Hurrikane, endlose Steppen und Lichtreklamen die Welt eines anderen Planeten darzustellen schienen. Mein Vater hatte damals eine «Ehrenprofessur» an der Universität Princeton, New Jersey, und wohnte in einem Hause, das, als ich es später kennenlernte, mich ein wenig an ein Geisterschloß gemahnte mit seinem verwachsenen Garten, den verwitterten Mauern, knarrenden Treppen und großen, steillehnigen roten Damaststühlen in dämmrigen Sälen, die eigentlich je von einem makabren Lakai hätten bewacht werden müssen. Statt dessen gab es den schokoladefarbenen John in der weißen Jacke, der mit einem freundlich-blitzenden Grinsen dem Mister und der Missis Män seine Dienste anzutragen wußte. Manchmal fehlte John beim Servieren, weil er zu

Bett lag und «disgusted» war, wie seine Frau uns belehrte, die im übrigen die Küche versah. John hatte viel Phantasie und ein gutes Herz, und gerade deshalb war er wohl in Anbetracht der leidigen Umstände, die seine Rasse betrafen, leicht «disgusted». John hatte einmal mir gegenüber – nicht ohne sein gewinnendes Kinderlächeln spielen zu lassen – das Problem des «schwarzen Schafes» mit den Worten gelöst – There is no black God, there is no white God, but there is only one God. – Indes schien die Welt von allen Göttern verlassen …

Ich war zu der Zeit mit meinem Mann in London, wo der «Blitzkrieg» wütete. Zwei Jahre später als meine Eltern landete ich in Amerika als Witwe. Jene südfranzösische Landschaft mit ihrer rötlichen Felsenküste, ihren verstaubten Rebenhügeln, ihrer bunten und stachligen Vegetation, ihrem kühnen Dialekt und ihren (damals) «vorsintflutlichen» Autobussen, mit ihrem Sanary, Toulon und Marseille, die, wie jede Hafenstadt, vom Zauber einer opernhaften Verwegenheit durchdrungen sind, jene Landschaft also vertauschte ich zunächst mit der «vorbildlichen» und liebenswürdigen Schweiz. Dann war es Florenz, in das und in dem ich mich verliebte, und Wien ging dem europäischen und im intimen Sinne menschlichen Finale London voraus. In Florenz, das mich heute tot anmutet, begeisterte mich das harmonische Ineinander von Feierlichem und Intimen, von Renaissancepracht und aromatischen Winkelgassen, das direkt in die Natur mündete. Zwischen Stadt und Natur waltete ein organischer Zusammenhang. Die antiken Mauern, Türme und Kuppeln lagen wie in Geborgenheit zwischen den Zypressen- und Rebenhügeln, über die der Abendhimmel manchmal ein Violett breitete. Die toskanische Landschaft ist die ruhigste, die ich kenne, trotz ihres Kontrastspiels von düster und lieblich. Sie ist eine musische Landschaft, und musisch war auch ihre Hauptstadt Florenz. Damals pochte in ihr das Leben. Vom Faschismus wenig angerührt, war sie ein kleines internationales Zentrum von Eleganz und Kultur, das sich wiederum in seiner Anmut und Natürlichkeit gefiel. Florenz war sich seiner Qualitäten bewußt, ja war von einem feinen Dünkel, wählerisch, man mußte irgendwie dafür qualifiziert sein: und meine in ihm verlebte Zeit betrachte ich als eine Art Vorzug und Auszeichnung. Heute ist daraus eine Touristenstadt ohne inneres Leben – eine Kulisse geworden, in der nur noch gelegentlich ein echtes Licht aufblitzt. Ich wohnte damals mitten in jenen aromatischen Gassen – nämlich wo Fisch und Weihrauch und Katzen und Kaffee und Olivenöl und Käse und Sonne und Volksgetümmel zur naiven und köstlichen Einheit wurden –, eben da in einem halbzerfallenen Turm, zu dem 123 Treppenstufen führten und in dem ich unermüdlich Klavier übte und «Empfänge» gab.

In das Atelier kamen junge Kunsthistoriker, Mediziner, Musiker, Maler, Philosophen und Taugenichtse, soweit sie die Treppen zu der baufälligen Dachterrasse mit dem herrlichen Panorama nicht scheuten, und es gab Maibowle und Kunstgespräche, Gelächter und Tanz. Ich ging in der Sommerfrüh auf die Piazzale Michel Angelo, holte mir die Feigen von den Bäumen und die Blütenzweige, sah ein paar Mönche und Straßenkehrer und die Stadt im Morgengold. Ich ging in die Museen und Gärten und abends zu den Klöstern in San Domenico. Ich ging in Konzerte und Salons, wo junge florentinische Künstler und britisch-aristokratische Greisinnen am offenen Feuer saßen bei einer alten Flasche und Kammermusik. Wochenlang war ich allein, atmete das Leben in den Straßen und Kirchen ein und unterhielt mich in meinem bäuerlichen Atelier. Im Winter brachte mir ein altes Weiblein Reisig und Holz in meinen Turm und lehrte mich die Kunst des Ofenheizens, was bitter nötig war. Die Alte erstaunte mich zuweilen mit ihrer Behendigkeit, indem sie ein Mäuslein fing, das während meiner Schumann-Phantasie zwischen den Pedalen tanzte. – Weil es so hübsch und anregend war, konnte man gut alleine sein in Florenz. Hier ließ sich träumen. Und ich träumte von einem Fremden, das heißt, ich war ihm schon einmal begegnet, und ganz fremd war er mir nicht. Und je mehr ich von ihm träumte, desto besser begriff ich, daß er überhaupt nicht fremd war. Vieles an ihm war mir vertraut, so vertraut, und was fremd war, gab den Anreiz zum Träumen. Träumen braucht Spielraum für das, was nicht ist, noch nicht ist, für das, was wäre ... Jenes «Wäre» lebt sogar im Sein, dessen feste nennbaren Farben davon perlmuttrig-traumhaft aufleuchten. Kein Sein ist so wirklich, als daß es einfach «ist»: Furcht und Sehnsucht lassen das andere durchblicken, tragen das bekannte Sein ins Unbekannte, ins Ersehnte und Gefürchtete. Das Schwebende, die Gefahr des Seins erhöhen seinen Wert, und es entsteht aus einer Art traumhaftem Hochmut oder frommem Dünkel, der dem eigenen Schicksal tiefe Bedeutung und Zusammenhänge beimißt, und paradoxerweise entsteht es aus einer ebenso tiefen Bescheidenheit wie Anmaßung.

Wenn man eine Bindung eingeht und in ihr eine Vorsehung erkennt, so stellt man sie ins Außer- oder Übermenschliche, in Sphären, die einem kaum zukommen, und doch sind es diejenigen, wo unser Ahnen und Glauben, wo unser «Schöpferisches» und Religiöses liegt. – Der vertraute Fremde, von dem ich träumte, wurde mein. Von Anfang an lag in dieser Verbindung ein frommer Hochmut, der ihr tiefe Bedeutung beimaß und sie mit Ahnungen schmückte und beschwerte. Aber das Perlmuttrig-Unstete, in dem das Dunkel spielte, leuchtete nur auf und verging wie ein Regenbogen, sonst war es eine wirkliche und gesunde und heitere Verbindung. Wir lebten zwischen Florenz, Zürich und Wien, bis wir nach London gingen und die Reise über Kanada nach Amerika planten. Was wäre das Band des gemeinsamen Interesses für Literatur und Musik und Landschaftliches, der gemeinsamen Anschauung des Lebens ohne jenes Alles-und-Nichts, das zwei Menschen verbindet, ohne jenes gegenseitige Sichentgegentragen, jenes beständige Füreinanderoffensein – ohne jenen Blütenstaub der Seelen, der sich vermischt? Ja, in den konkreten Dingen bleiben sie immer zwei, und es ist nur jener Blütenstaub, der das Eine bildet.

Ich war stolz auf eine Verbundenheit mit einem Menschen der Passionen. Denn passioniert war er durch und durch. Seine Grundsätze und Ideale durchlitt er, als ob sie in Flammen stünden, er verlieh ihnen gleichsam kosmische Wichtigkeit, der er wiederum mit Humor begegnete. Eigenartig war sein orientalisch träges und sinnliches Wesen, gepaart mit einem Klassizismus, einem fast fanatischen Drang zum Klaren, «Authentischen», Reinen, um das er sich immer mühte und um dessen Erkenntnis und Erhaltung es ihm ging. Verworrenheit, Halbheit und Kompromiß waren ihm zuwider, davor erfaßte ihn ehrlicher Zorn. So gerne er auch lachte, so sehr er auch zu Scherzen aufgelegt war, so schlecht war mit ihm zu spaßen: seine natürliche Liebenswürdigkeit verwandelte sich in Härte und Unerbittlichkeit, die wie ein regelrechter Fluch die Luft erfüllten. Da das Leben gerne mit Kompromissen arbeitet, hatte er es nicht eben leicht mit ihm. Er fühlte sich oft als «outsider», einsam, doch um so dankbarer ergriff er Kollegialität und Freundschaft, die sich ihm boten. Übrigens wußte er das Authentische und Echte zu belegen, in einem Beruf, den er nicht zufällig gewählt hatte: er schien geboren für jene seltsame Verbrüderung von Kunst und Wissenschaft, welche die Mission des Kunsthistorikers charakterisiert.

Die Bildende Kunst – wohl die belegbarste der Künste, weil sie die offenbarste und direkteste ist – war das Gebiet seiner Forschungen, die er mit einer Art pedantischer Vehemenz, intuitiver Logik, wissendem Ahnen, mathematischem Spürsinn, phantastischer Systematik und kaltem Feuer anstellte und also die Eigenschaften des musischen Forschers in sich vereinte. Die Resultate müssen auffallend und schlagend gewesen sein, denn er galt unter seinen Kollegen als ein Gelehrter mit revolutionären, enthüllenden Methoden und Ideen. Seine Liebe und Energie verwandte er in der Hauptsache auf das Werk Donatellos, das er sozusagen bis ins Mark hinein ausschöpfte und uns «neu präsentierte». Ich bin kein «Mann der Bildenden Künste», und ich war eine schwache Schülerin meines Mannes, die seinen Bemühungen nur sehr begrenzt folgte. Es war unvermeidlich, ihnen zu vertrauen, an seine Entdeckungen zu glauben, seine Resultate anzuerkennen, mit einer so sauberen Leidenschaft wußte er sogar den Laien oder das Kind zu überzeugen: etwa wie der Dirigent den Tauben überzeugt ... Ihn hielt es jahrelang in Italien, vor allem in Florenz, wo er sich als «Fassadenkünstler» und «Katakombenstürmer» hervortat. Er turnte auf halsbrecherischen Gerüsten herum, um irgendein Bronzeengelchen unter der Domkuppel zu entstauben und «mikroskopisch» zu untersuchen. Man konnte ihn an den unmöglichsten Orten decouvrieren und balancieren sehen, allein oder mit Operateuren und Gehilfen: hoch zu Roß des Gattemalata in Padua, am Busen der grausamen Judith vor dem Palazzo Vecchio, am Barte eines Evangelisten auf einer Säule des Florentiner Baptisteriums … Diese Kunsthistoriker, Religionsgeschichtler und Archäologen sind ja die reinsten Abenteurer: etwa wie ein Himalajabesteiger oder Nordpolforscher es nicht scheut, die Extreme der Natur zu ergründen und besiegen, so scheut es gar der ehrwürdige Professor im weißen Bart nicht, wochenlang bei sengender Sonne im Schutt Griechenlands zu graben oder im kalten Moder etruskischer Gräber herumzukriechen in der Hoffnung, der «Zeit auf den Grund zu kommen».

In Wien gab es auch schon viele gedrungene Männer mit den weißen Wadenstrümpfen und dem unguten Blick, so hielt es uns nicht lange dort. Auf den Schwingen der Macht verdunkelten sie den Himmel wie eine Heuschreckenplage. Wir sahen gerade noch das nonchalant-großartige Wien mit seinen Gärten und Palästen und weinseligen Vorstädten, mit seiner feschen Humanität und eingewurzelten Kunstliebe. Und wir sahen gerade noch das Salzkammergut mit seinen Bergen, Wäldern und Seen, wo es viel Regen und «Marterln» gab – jene bäuerlichen Heiligenbilder, die auf Schritt und Tritt wie Vogelnester an den Bäumen kleben – und wo es nach Beeren, Pilzen, Harz und Mozart roch. Wir trieben uns dann noch ein wenig in der Altstadt von Zürich herum – wo zwar die Glocken viel zu laut läuten –, die aber doch in ihrer antiken Adrettheit gewissermaßen zum Anbeißen ist und in deren winzigen «Gäßli» mit den alten Handwerkereien, Käse- und Bäckerläden man an Stelle der betrunkenen Burschen sich Gottfried-Keller-Figuren vorstellen kann. In London machten wir Kunstgeschichte und Musik und nahmen Abschied von Europa und – ohne es zu wissen – voneinander.

Diese große Stadt war danach angetan, düstere Gedanken zu hegen, und wirklich war die glückliche Atmosphäre in unserer Wohnung über den Kensington-Gärten unwillkürlich pathetischen Ahnungen unterworfen. Das große Unheil, wovon wir persönlich nicht nur betroffen waren, sondern getroffen wurden, brach herein. Der Himmel über London war eingezirkelt von einem Ballonnetz, in dem die «Heuschrecken» sich verfangen sollten, falls sie kämen: sie konnten ja jeden Moment kommen: sie kamen. Am gegenwärtigsten von jener Zeit – an die man sich gewöhnte wie an jede Zeit – ist mir jener Gleichmut der düster-monumentalen Stadt – wie sie äußerlich in eine Hölle verwandelt wurde und innerlich eine vollkommene Würde bewahrte. Dem Lärm, der Spannung, der Not und Verwüstung begegnete sie mit einem solchen Anstand, wie wohl nur der Engländer ihn besitzt. Gegenwärtig sind mir die Sirenen, von denen man im Schlaf, beim Kochen, beim Musizieren, im Hyde Park zwischen herrlichen Blumen und Bäumen überfallen wurde, die einen wie der Ruf zum Jüngsten Gericht erfüllten und denen die satanischen Geschwader folgten; das «Blackout», das wie ein makabres Versteckenspiel anmutete und bei dem in einer verräterischen Mondnacht London unvergeßlich schön erschien; die Gasmasken, die man sich umhängte, als seien sie das Alltäglichste der Welt – ein Opernglas oder Einkaufsbeutel. Ja, so akzeptierte man im Grunde alles, und mitten im Haarsträubenden ging man seiner Arbeit, ja seinem Vergnügen nach. Wenn einen auch plötzlich das große Grauen, der große, von der Unabänderlichkeit erstickte

Protest ergriff. Ja, unter unserer Gefaßtheit war der Protest wie eine Flamme, die sich duckte vor jenen anderen immensen hinwegraffenden Flammen, die aber nie in uns starb. Obgleich wir London nur als Durchgang nach Amerika, als Episode gewählt hatten, fühlten wir uns, als wir das kanadische Visum in der Tasche hatten, ein wenig als Deserteure. Auch war es uns – trotz aller Schrecken – ans Herz gewachsen, das uferlose London, das sein graues, abgeschabtes Kleid wie einen Königsmantel trug, dessen Westminster-Glocken (die jetzt stumm waren) dröhnendes, klingendes Symbol einer großen, verendenden Geschichte waren, dessen Menschen ihren Humor und ihre Moral aus dem Nebelmeer zu schöpfen schienen, London, das so «gloomy» und festlich war, ja, ein festliches Finale, letzte Oase europäischer Zivilisation. Während wir es in vollen Zügen erlebten, sahen wir mit pathetischem Lächeln einander an und schlugen die Augen nieder. Aus dem Zug nach Liverpool winkten wir einem jungen Paar – ein Mädchen und ein Jüngling in englischer Uniform. Es schien, daß wir uns nicht von ihnen trennten, daß ihr Schicksal auch das unsere war.

Es bedrängte mich viele Jahre, Tag und Nacht, jenes alptraumhaft Wirkliche, jenes in allen Fasern Erlebte und doch so völlig Unwahrscheinliche – jenes Kriegsabenteuer, das unserer Abreise mit den vielen Hoffnungen und ebensoviel schlimmen Ahnungen unmittelbar auf dem Fuß folgte und in dem mein Mann zugrunde ging. Es geschah alles in einer Viertelstunde. Die Explosion, die anfängliche Ordnung, die Panik, der Sturz in die Tiefe, das Chaos am brennenden Schiff, unsere Rufe, unser Verstummen ... aber es hatte in seiner maßlosen Schrecklichkeit das Volum des Ewigen – der Unzeit, es geschah gegen sich selbst, nach rückwärts, gar nicht, unter uns weg, obgleich es in unerbittlicher Schärfe geschah, weit abseits vom Faßlichen, es war das Absolut-Negative und Entsetzliche, mit dem man in keinem Zusammenhang stand, und man war es selbst, man bestand aus Entsetzen und Vergehen. Also kann die Wirklichkeit in ihrem Extrem vollkommen abstrakt sein: bei nüchterner Einsicht ist dies ein Erfreuliches, da das Abstrakte ins Himmlische reicht. Will man mir nun glauben, daß auch hier das Himmlische im Spiel war? Indes ich zwanzig Stunden auf einem Stück Holz im herbstlich aufgewühlten Atlantischen Ozean herumtrieb, vermischte sich Sein und Nichtsein, Unten und Oben, Dunkel und Licht, Ende und Anfang, Fluch und Segen, Verlassenheit und Gottesnähe. Ein englisches Kriegsschiff brachte mich nach Schottland in ein Hospital. Es hatte eine Abteilung für Schwachsinnige, und ich vergesse nicht die Besuche einer Idiotin, die uns Schiffbrüchigen Liebesgaben aufs Bett streute, Orangen, Schokolade …

Ich erzählte meiner Schwester von dem, was mir widerfahren war. Es gab so einen Ruck, als sei man irgendwo aufgefahren – die Alarmglocke klingelte – nachts, ja, es war halb elf, ich hatte schon geschlafen, er kam aus dem Salon herunter, wo er Klavier gespielt hatte – Bach, das Wohltemperierte Klavier von Bach –, bei der Alarmglocke kam er herunter in unsere Kabine, bleich – er zog erst mir den Rettungsgürtel an, dann sich selbst – was wir anhatten? Nur Regenmäntel, wir nahmen nichts mit, wir hatten keine Zeit, wir hatten Rettungsboot Nummer sechs, da waren viel zuviel Menschen, viel mehr als in ein Rettungsboot gehen, es fehlten Rettungsboote, die waren durch den Torpedo kaputtgegangen, und wir fielen alle auf den Grund des Meeres fast, weil wir zu viele waren, auch waren die

Seile kaputt. Es war ein wahnsinniges Geschrei gewesen von der Mannschaft, schwarze Mannschaft, sie hat nichts als geschrien – und als wir wieder heraufkamen, schrien wir, so gut es ging, nahe am brennenden Schiff, wir hatten Petroleum geschluckt und waren zerschlagen und suchten nach etwas zum Anhalten, wir riefen einander, ich hörte seinen Ruf, dreimal, und dann nichts mehr. Und dann waren lauter Tote um mich rum und ganz schwarze Nacht und ganz hohe Wellen, und ich war durstig, und ich hatte keine Stimme mehr, und meine Hände waren unendlich kalt, und ich habe mich einmal übergeben, mein Schal wurde schmutzig – mein grün-braun gewürfelter Wollschal, sein letztes Geburtstagsgeschenk, dann hat ein Matrose auf dem englischen Kriegsschiff den Schal genommen – die Wellen haben mich ganz zugedeckt, sie kamen wie schwarze Gebirge auf mich los – tote Kinder gab es, von Schreck und Kälte getötet, und Durst – ja der Durst! –, und sie schwammen wie Puppen herum – es hatte in Strömen geregnet, dann kam der Mond, jetzt schwammen die Kinder auf den schwarzen Wellen im Mondschein – da war ein Ehepaar gestorben, ein Mann mit einem großen Bart und ein dickes Frauchen, sie waren immer so gemütlich gewesen, sie trachteten auch jetzt in der Todesstunde nach Gemütlichkeit, der Mann bettete den Kopf des Frauchens sorgfältig in seinen Schoß, und er trug den Hut, den er immer auf dem Schiff getragen und wo er immer die Zigarre im Mund hatte, ich glaube, er wußte nicht, daß sein Frauchen tot war in seinem Schoß – und auf einmal hat er so gemütlich geblasen und gepustet, als ob er den geliebten Zigarrenrauch auspustete, aber es war das Pusten des Todes, und zugleich rollte sein Kopf irgendwohin … Meine Schwester konnte nicht begreifen, wie ich das alles ausgehalten, es sei ein Wunder ... Ich wies auf meine Hände, als erklärten sie es. Ich hielt mich immer ganz fest, ganz fest. An dem Floß oder Holz, an dem Stück Boot? Ja. Am Leben, du hieltest dich wohl am Leben fest, mochte meine Schwester denken. Und am nächsten Nachmittag um vier Uhr kam das englische Kriegsschiff – mit dem ging es zurück nach Schottland, hierher, wo ich nun bin, ganz voll von jenem Wunder und ganz leer ... Tränen erstickten mich. Tausend Details, das Verworrene kreiste um das eine, um den einen, um den herum, der nicht mehr war. Er hieß Jenö Lányi.

New York in seinem Lärm und in seinem Licht war erschütternd und beschämend. Ich saß neben meiner Mutter im Auto, schweigend. John am Steuer drehte halb den Kopf nach uns um und bedeutete mir, daß dies Höchste dort das Empire State Building sei. Ich sah, wie über sein dunkles Gesicht im flackernden Halblicht ein geheimnisvoll-stolzes Lächeln ging. So schaut es bei «uns» aus, Miß Moni, da staunen Sie, was? schien es zu sagen. Ich hauchte wohl ein Oh! oder Ah! oder auch Uhu! angesichts des Erstaunlichen, das unverhohlener klang, als wir am Hudson die glitzernde Skyline von New Jersey entlangfuhren. Vom New Yorker Hafen bis Princeton war es ungefähr eine Stunde Fahrt, immer eben, breit, hell, immer viele Autos, viele Autos. Da glitten sie dahin, es schienen gar keine Menschen in ihnen zu sein, auch in den Wolkenkratzern nicht, es war ein ganz seelenloses Bild. Das tat gut. Oder es brachte die eigene Seele zum Schweigen, die viel zu laut gewesen war. Der Überfluß und Übermut Amerikas, Licht, Lärm, Reichtum, Sorglosigkeit, Verschwendung – das sogenannte Glück mutete mich zunächst so zynisch, absurd an, daß ich ganz starr davor wurde. Sein Jazz, sein Fußball, seine Reklameorgien, sein Tempo, das nur immer zu sagen schien – Weiter, vorwärts, nicht stehenbleiben, nicht nachdenken, nicht des Lebens gewahr werden, darüber hinwegschwirren, mit Motoren und Maschinen und Kinos und Television und Flugzeugen ... nicht innehalten, sonst kommen die Skrupel, sonst kommen die Zweifel – vorwärts! – und eben jenes skrupellose Strömen ließ mich anfangs erstarren.

Sehnte ich mich nach dem Dunkel, nach den schwarzen Wasserbergen, zwischen Sein und Nichtsein, zwischen Fluch und Segen, zwischen Verlassenheit und Gottesnähe zurück, nach den Zweifeln, Ängsten, dem Hoffen und Sehnen? Die Antwort auf solches Fragen war ein Überwältigtsein, das allmählich sich löste: allmählich war ich nicht mehr geblendet und betäubt von dem Kolossalen, aus dem ich gleichsam das einzelne herauskristallisierte, das allmählich Wärme, Gesicht, Seele bekam. Da gab es zum Beispiel das buntglühende Herbstlaub von Princeton und die Stimme Roosevelts und unsere Freundin Molly und Roggers, der Beethoven und Schubert spielte, die auch im Damastsaal des amerikanischen «Gespensterschlosses» zur Geltung kamen. Überhaupt ging Europa hier nicht verloren, sondern wurde zum Bruderkontinent, es war nicht mehr allein. Als einem die Neue Welt vertrauter war, suchte man sie innerlich mit der Alten zu verbinden, eine sollte die andere stützen und ergänzen. Es bildete sich wie überall Geborgenheit, und man paßte sich an, ohne sich selbst zu untreu zu sein. Man ging mit dem Strom, weil man gegen den Strom gehen weder konnte noch mochte. Mein britischer Akzent verwandelte sich, ehe ich mich versah, in ein wackres Amerikanisch, in jene optimistischste aller Mundarten – wo wird man schon mit soviel unverhohlenem Lebensschwung und Lebensglauben «Honey» genannt, und wo sagt man schon mit solch trunkener Selbstsicherheit «Okay»? Und ich gewöhnte mich an den Anblick des Mondes, der gleichfalls in trunkener Selbstsicherheit in jener Hemisphäre ganz schief am Himmel steht, und an den «Drugstore», wo – hat man den ersten Schrecken überstanden – eine Art zweckmäßige Gemütlichkeit herrscht, wo es sich einkaufen läßt, von der Zahnbürste bis zum Radioapparat, wo man sich das Auge operieren lassen und wo man frühstücken kann, ja, wo man trotz der mysteriösen Gerüche die Vorzüglichkeit der «Milkshakes» wirklich genießt und wo eine motorische Sachlichkeit, jener blinde Am-laufenden-Band-Betrieb, einen fast erheitert. Ja, diese zweckmäßige, hygienische, praktische Atmosphäre ermunterte mich, nicht nur weil sie das Leben erleichterte, sondern weil diese blitzenden Apparate, Knöpfe und Vorrichtungen – wie sie so selbständig Kompliziertes verrichteten, Orangen auspreßten, Kaffee und «shakes» machten, Geschirr wuschen, Teppiche saugten, Fenster putzten, Büchsen öffneten, Schinken schnitten und Kartoffeln schälten – in ihrer klugen Gewitztheit etwas Traumhaftes hatten und einem die muntere Idee eingaben, daß wir Menschen Luxus seien und daß sie, die blitzenden Maschinlein, schon ohne uns fertig werden würden. Auch die Wolkenkratzer und Ströme von Autos, die mich erst erschreckten, wirkten nun lustig, denn da sie allenfalls die Masse, nicht aber das Individuum andeuteten, machten sie *den* Menschen zu etwas Rarem, zu einer Delikatesse, und wirklich schätzt man hier mehr als irgendwo eine menschliche Beziehung.

†

«... Sie schaute zum Himmel empor und dachte, wo wohl jetzt die Seele ihres Knaben sei: folgte sie ihr nach oder schwebte sie dort oben inmitten der Gestirne und dachte nicht mehr an ihre Mutter? Oh, wie einsam ist es nachts im Felde inmitten des Gesangs, wenn man selber nicht singen kann, inmitten der ununterbrochenen Freudenrufe, wenn man sich selber nicht freuen kann, wenn vom Himmel der gleichfalls einsame Mond herabblickt, dem alles gleich ist.» (Anton Tschechow) Ich sage zu jener jungen Mutter – Die Seele deines Knaben ist in dir und du bist in ihr, aber einsam ist es gleichwohl auf dieser Erde geworden, unter diesem Himmel, dem alles gleich ist. – Wer kennt sie nicht, die Gleichgültigkeit des Himmels – wenn er sein Tagundnacht über das Geschehen breitet, als ob nichts geschähe? Und hätte er ein Gefühl, was bliebe uns? Ist es etwa nicht die Gleichgültigkeit des Himmels, die unser Gefühl entfacht? Jagt er den Blitz in einen herrlichen alten Lindenbaum oder den Hagel auf die jungen Ähren und Blüten, erschüttert und rührt uns etwa nicht das Blinde, Zufällige daran? Bewegt uns etwa nicht die Kluft zwischen dem unendlichen stumpfen Wesen des Alls und unserem begrenzten empfindenden Wesen? Doch schenken wir dem Zufälligen Vertrauen, scheint sich eine Brücke über jene Kluft zu spinnen: Das blinde Allgeschehen scheint verstehender, menschlicher zu werden, und wir selbst scheinen uns auszudehnen, irgendwo, irgendwie scheinen wir einander zu begegnen. – Ich schaue zum Himmel empor und denke, wo wohl jetzt die Seele meines Vaters sei ... Es ist einsam geworden. Ich liege unter einem Lindenbaum, den der Blitz erschlagen hat. Kein Blatt, kein Zweig. Halb verbrannt, ganz aufgespalten. Das faulig-goldene Holz ist voller Käfer. Ich glaube im toten Stamm etwas klopfen zu hören. Es ist aber alles still. Ich fange an zu träumen und erkenne das volle grüne Laub und die hellen Blüten und spüre den wunderbaren, betäubenden Duft. Ich merke, daß ich nicht träume, sondern mich erinnere, daß es nicht Spuk und Wahn ist, was ich da erkenne und spüre, sondern daß es die Wahrheit ist, zu der die Wirklichkeit auf den Flammen des Blitzes sich erhoben hat. Und in solchen Sphären erkenne ich auch meinen Vater – kleine Bilder, abgerissene Begebenheiten und Gedanken suchen mich dort heim, Scheinbar-Nichtiges, im Licht der Ewigkeit.

Da – oder nicht? Doch – die Dielen knarren, Schritte auf der Treppe, Türenöffnen und -schließen: Er ist durchgegangen. Und? Nun, ist das nichts? Er ist durchs Haus gegangen – die Dielen, die braune Holztreppe mit dem Perserläufer, die zartbunten, goldgerahmten Josephsstiche über den Stufen sind eine Weile voll seines Durchgehens. Merkwürdig, nicht? Wenn unsereiner durchgeht, ist das gar nicht so. Ob sein Schritt schwer und donnernd war, ob er gar vor sich hin trällerte, als er durchging, oder ob sonst etwas Sonderbares dabei war? Nein, überhaupt nicht. Er ging eher leichten, ebenmäßigen Schrittes, ohne zu trällern, weder schnell noch langsam, sah im Vorübergehen die Post auf dem Flügel an, wo noch die von ihm geschriebenen Briefe lagen – ein sauberer Stoß, vielleicht acht Briefe, deren ganz langweilige Adressen in adretten Lateinbuchstaben gemalt waren, die Stadt unterstrichen mit einem sicheren, leicht nach oben zielenden Strich, noch unfrankiert, Mielein würde sie mittags besorgen – die Brille hatte er am Schreibtisch liegen lassen, sein Gesicht war weder gespannt noch inspiriert, eher vergnügt, alltäglich, «okay», er ging ins Schlafzimmer und schloß die Tür hinter sich, weder laut noch leise – wirklich nichts Besonderes, mit dem besten Willen nicht. Und doch kann ich nur mit Bestimmtheit wiederholen, daß das Haus eine ganze Weile voll seines Durchgehens war.

Es ist Abend: Die Zigarre raucht – es gibt türkischen Kaffee, den er selbst bereitet. Er tätschelt den Pudel und spricht – Du gutes Männlein, ja, du gutes Seelchen! Der Pudel grinst, macht «Männlein» und schaut mit den runden, goldenen Augen geradewegs in seine blauen Augen. Was will das Närrchen, was will denn der Hund, was schaut er mich denn so an? Der Pudel grinst und kratzt mit den eleganten, gleichsam manikürten Krallen seine Hand, so daß sie ganz rot wird. Da zieht er ein rotes Ding hervor, das einmal ein Ball gewesen war und durch des Pudels Zärtlichkeit total verunstaltet ist. Das will der Pudel, ja? Er wirft es hoch: Der Pudel schnellt aus dem «Sitzmännlein» senkrecht hoch, als habe er eine Spirale im Leib, und faßt es mit dem Maul im Fluge. Er lacht so herzlich und dankbar über dieses Kunststück: Das Seelchen hat ihn recht sehr ergötzt. Da sitzt es, das rote Unding im Maul, die Flanken bebend, die Augen sprühend vor Spiellust. Noch mal? Noch mal! spricht er und lacht. Ja, noch einmal ... Und jetzt spielt das Grammophon. Seine Augen sind ein wenig aufwärts geschlagen, der Mund ist leicht geöffnet, der Kopf ein wenig zurückgelehnt, als ob er mit offenen Augen schliefe, fast als ob er tot wäre. Kaum sind die letzten Töne verklungen, sagt er etwas – irgend etwas über diesen Schlußchor im «Fidelio»: Seine Worte rühren die Musik an, so wie man mit der Hand etwas Lebendiges anrührt. Er hat also nicht geschlafen – ganz und gar nicht: Ist untergetaucht in den Klängen, wach, ohne Furcht, wie einer, der im Element untertaucht und den Atem anhält, selbstvergessen. Sicher kann man dabei sterben. Er aber rührt mit seinen Worten die Musik an, als sei sie ein Wesen mit einem Gesicht und Organen, das vor ihm steht und das ihm – obgleich er es sehr gut kennt – immer wieder neues offenbart. Dann zieht er sich auf sein «Podium» zurück, jene kleine Plattform am Fenster hinten im Arbeitszimmer. Das Arbeitszimmer ist nicht sehr groß, aber er scheint nun sehr weit weg zu sein. Ich weiß nicht warum. Er sitzt da bei der Stehlampe, einen zierlichen Teppich unter den Füßen, mit der Zigarre und liest. Gute Nacht! hört man und wundert sich über die ferne Gemütlichkeit – als ob einer auf der Venus säße, Zigarre rauchte und schmökerte. Man verläßt das Zimmer, schließt die Türe hinter sich und wundert sich noch immer. Erst halbwegs auf der Treppe beginnt man zu pfeifen und wundert sich nicht mehr.

Das Nichtsein an sich vermag man sich nicht vorzustellen. Erst gegenüber dem Seienden taucht es auf, wird es lebendig, erst angesichts des Gegebenen empfindet man das Genommene. Und indes ich aufs Meer schaue oder eine Speise esse oder über einen Clown lache, überfällt mich das Bewußtsein, daß mein Vater das Meer nicht sieht, die Speise nicht ißt, nicht über den Clown lacht, und ich erkenne erst dadurch sein Nichtsein: Mit größter, traurigster Klarheit befiel mich neulich dies Bewußtsein, als ich Musik hörte – ein Mozart-Quartett. Daß er dies nicht hörte, bewies mir mit übergroßer Macht sein Nichtsein. Es war so stark, daß es nur einen Augenblick währte. Ich versuchte es zu erforschen, einzudringen, aber es floh: Ein elektrisierendes Wissen und Trauern hatte mich ergriffen und floh, entwich wie ein Dämon ins Dunkel: Mit dem Hören ist es ein eigenes – es kann wie im Blitz eine Welt offenbaren. Meine beiden Neffen sind in Kalifornien geboren, aber in der Schweiz zur Schule gegangen, und in ihrem artigen Hochdeutsch klingt manch Schweizerisches mit, warum denn auch nicht? Sie sind sehr oft im Haus meiner Eltern, wo sie die großelterliche Liebe, das gute Essen genießen, und vor allem die schönen Späße und Geschichten des Opapas. Einmal sitzen sie mit uns bei Tisch – vom gebratenen Huhn und der Schokoladencreme sehr munter –, und der Kleine, meist stumm, nur sporadisch zum Reden aufgelegt, erzählt einen Schwank aus der Schule und läßt dabei das Wort «Mädchen» fallen: Er spricht es mit jenem sehr offenen, ein wenig nach oben gezogenen «ä», wie es die Schweizer gerne aussprechen, und es klingt komisch und rührend. Es klingt hold und altmodisch und unschuldig und überraschend – vielleicht empfinden wir es alle: Ich sehe, daß es meinen Vater unendlich rührt. Als er es hört, huscht sein Blick über den Kleinen hin, mit einem Lächeln, das voll zärtlicher Wehmut ist: Ein tiefes und lächelndes Mitleid scheint ihn zu durchfluten mit dem Menschenkind-überhaupt, samt seiner Holdheit, seinem Ausgeliefertsein, seiner Rätselhaftigkeit – nur wegen dieses Lautes, der so völlig absichtslos aus dem Munde des eher derben Enkelknäbleins fiel.

Er geht im Regen spazieren. Es gehen da manche Leute auf der Straße. Dies ist unverkennbar er. Er ist der Inbegriff eines im Regen spazierenden Herrn. Nicht als ob er Reklame für den Regen machte – wie jener imprägnierte, makellose Herr in der Zeitung: breite Schultern, schmale Hüften, Gabardine und glitzernde Galoschen, Tabakspfeife, unter dem imprägnierten Sporthut im Wolkenbruch, ein kantiges Gesicht, jeden Ausdrucks bar, dem man keinen Augenblick glaubt, daß er mit der Natur im Zusammenhang stehe, daß der Wolkenbruch ihn auch nur benetzen könne – nicht so. Er trägt irgendeinen Trenchcoat und Hut, keine besonderen Schuhe, und geht, den offenen Schirm in der Hand, dahin, der Situation angepaßt, beinahe paßt sich die Situation ihm an: Er scheint in aller Gelassenheit und Demut die Situation zu absorbieren, sie scheint in ihm aufzugehen. Die Bügelfalte seiner grauen Flanellhose ist fast weg, mehrere Schmutzspritzer kleben an ihr. Er will die Straße kreuzen – ein Auto kommt von links, es ist noch ziemlich weit von ihm entfernt. Er steht Schirm-in-Hand und wartet. Der Regen prasselt auf seinen Schirm nieder, das Auto ist vorbeigeprasselt. Er überquert die Straße mit langen Schritten, den Schirm ungewöhnlich hoch haltend, und auf dem jenseitigen Trottoir angelangt, klopft er sich die Brust, als sei Staub daran. Dann geht er wieder im gewohnten Schritt dahin. Er schultert den Schirm ein wenig, weil der Wind von hinten kommt, und schaut seines Wegs. Jetzt reißt der Wind plötzlich an seinem Schirm, er stemmt ihn einen Moment vor sich wie einen Schild, der Schirm reißt ihn nach allen Seiten, so daß er sich um sich selber dreht, immer bedacht, den Schirm gegen den Wind zu stemmen: Der Wind dreht den Schirm um, dann biegt er ihn wieder zurück und dreht ihn wieder um. Endlich hält er den geretteten Schirm über seinem Kopf: Sein blauer, demütiger Blick ist plötzlich müde, die Nase ragt zwischen den Augenringen schärfer hervor, das schmale, rasierte Gesicht ist gealtert, es scheint etwas zu beben, im Schatten des Schirmes zeigt es eine Tragik, von der es sich langsam befreit, indes er Schritt für Schritt den Weg im Regen geht, der jetzt sanft und regelmäßig ist, und in jener trüben Monotonie nimmt sein Gesicht einen freundlichen Glanz an. Um die lange Oberlippe mit dem angegrauten, kurzgeschnittenen Schnurrbart spielt ein bloß geahntes und junges Lächeln.

Er singt. «Markiert» ein Lied von Schubert, Brahms,

Strauß oder Wolf – mit leicht erhobenen Brauen, leicht erhobenem Kinn, die Augen voll süßen Erkennens. Ich sage, er markiert, er singt nicht im exekutierenden Sinn: Und doch ist es vollkommen. So singt kein Musiker – wie schrecklich singen oft Musiker, Gott weiß warum! Sie schreien und knärzen, um eine lyrische Phrase zu demonstrieren, springen mit ihrem Medium um, als ob es ein Monstrum sei – und er singt auch nicht wie ein Dilettant, sondern er singt, wie nur er singt. Er bildet die Melodie, zeichnet akustisch ihr Entstehen auf: Man empfindet ihren Ursprung, ihre Wahrheit, und man ist beseligter, gleichsam etwas entsetzter Zeuge solcher Wiedergabe – am Mittagstisch, im Garten schlendernd, im Wohnzimmer, apropos de rien.

Ein Streit mit ihm, ein Wortwechsel – «some argument» wie es englisch heißt – ist undenkbar. Aus Sanftmut, Hochmut wähnt er sich turmhoch über allem, läßt er sich zum «argument» nicht herab? Oder ist es ihm um die Fragen des Lebens überhaupt nicht ernst, lohnt es nicht, sich ihretwegen zu ereifern, «zahlt es sich nicht aus», mit einem Menschen ernsthaft auf etwas einzugehen, zu bestehen, beharren, etwas zu behaupten? Daß es sich scheinbar nicht lohnt, ist es Indifferenz, «Lauwarmheit», die Christus verpönte? Trotz aller Erfahrung, trotz allen Sinnens weiß er nichts. Denn Wissen ist nichts Fixiertes, sondern aus den Tiefen des Augenblicks zu Erhaschendes: Er hat es nicht parat, wie sein Partner, und zunächst nichts anderes ihm entgegenzuhalten als Ignoranz, was dieser für Hohn hält. Selbst wenn er in jene Tiefen greift und ein Wissen, ein Urteil in der Hand hält, bleibt es etwas Bewegliches, Schwebendes, das es ins Licht der Ironie rückt: Wahre Ironie ist ja schwebendes Wissen, gleitendes, bewegliches, lebendiges

Wissen, im Gegensatz zum fixierten, toten, formelhaften Wissen. Gegenüber dieser Ironie sieht man leicht das eigene, mühsam gezimmerte Wissen, Urteil und Ideal sich vernebeln, entführt in die Sphären des Intuitiven, die unermeßlich und gefahrvoll sind. Sogar die ethischen Werte schwinden dahin in jenen reinen und gesetzlosen Sphären: Auch die Moral ist nicht formelhaft, fixiert, tot, sondern schwebt und lebt auf wunderbare und etwas furchtbare Weise. Bei allem wahren Abscheu vor dem Bösen hat er auch hier das Urteil, die Verurteilung nicht parat, und auf dem Weg in die Tiefen durchdringt er die Sünde, die ihm in ihrer Mannigfaltigkeit Anmut, ja eine abgründige innere Berechtigung offenbart: Ein Strolch, ein Hochstapler oder gar ein Inzester mag die Sünde schillernd und strahlend verkörpern. Und scheint er jetzt mit ihm, dem Bösen, zu spielen, kokettieren, so ist es das ironische, schwebende Wissen um ihn, das vor allem Leiden ist, denn da ist kein Halt, und wer sichert ihn vor dem Sturz? Übrigens, das rein logische, mathematische Denken ist ihm fremd: Es unterhält ihn auf befremdende Weise, es gewinnt ihm ein konsterniertes Lächeln ab. Ein Gehirn, das blitzartig mit Zahlen jongliert, kombiniert und spekuliert, solch abstrakte Gewitztheit ist bestaunenswert bis unheimlich. Die Logik innerhalb des geistigen Gewölbes ist vonnöten, unumgänglich – kein Geist ohne Logik! –, aber Logik als Selbstzweck, in ihrer kalten, kristallenen Nacktheit strahlt sie einen seelenlosen Zauber aus.

Es ist das Tupfen der Stirn mit dem veilchenwasserbenetzten Taschentuch, das ich erkenne – jener Stirn, die vieles ausdrückt. Sie kann heiter, festlich sein, diese Stirn, sie kann friedlich oder suchend sein, aber – noch im hohen Alter kaum zerfurcht – ist sie immer klar und duldend. Er tupft sie mit einer Art zärtlichen Sachlichkeit, behutsamem Ernst – das Tuch bleibt dabei gefaltet und wandert wohlgesetzt in den Rock zurück. Überhaupt, das Taschentuch! Das Blütenweiße, Duftende, Entfaltete und Benutzte – die oft vollzogene Geste ist wie ein väterlicher Ritus. Andere vollziehen jene Geste abgewandt, in plumper Hast, indes er sie gleichsam in ihrer vollen Bedeutung, doch in «ästhetischer Distanz» vollzieht. – Der Ästhet. Keiner Unschicklichkeit nachgeben! Auch dem Ausdruck eines Gefühls keinen vollen Lauf gewähren, er könnte zu enthüllt, unästhetisch sein! Das Gefühl geht wie ein starkes, unsichtbares Element von ihm aus: Wenn er friert, macht er nicht «brr!» und schüttelt sich, aber es wird sehr kalt ringsumher. Mit elementarer Kraft, in ästhetischer Distanz offenbart er sich. Der Ästhet. Und die Natur, Materie? Wie ordinär, wie grausam! Düstrer Ekel steigt kathedralenhaft in ihm auf: Er überkommt die Materie, ruht im Geist. Er ästhetisiert seine irdische Schwere. Doch um etwas zu ästhetisieren, genießbar zu machen, muß man es nicht genießen – oder lieben? Es läuft wohl darauf hinaus, daß er die Erde mit allem, das sie birgt, liebt, auch das, was ihn peinigt, schreckt. Seiner Gespaltenheit liegt Liebe zugrunde, schwebende Liebe, ironisches Wissen um die große Einheit, um die unzertrennliche Ganzheit allen Seins, um das heilige Ineinanderspiel alles Gegensätzlichen. Deshalb ist sein Leben stark, deshalb ist sein Tod stark; deshalb ist sein Leben voll Tod, deshalb ist sein Tod voll Leben. Zitternde Helle erfüllt die Luft: In ihr erkenne ich seine Stirn, die er nach dem sommerlichen Mittagswandel mit dem veilchenwasserbenetzten Taschentuch tupft – die Stirn, die vieles offenbart, aber von Grund auf klar und duldend ist. Keine «Denkerstirn», hoch-fliehend-gewölbt und schimmernd, mit dem «bedeutenden» Haaransatz, sondern eine menschliche Stirn. Eine sehr menschliche Stirn.

Ich erzähle ihm etwas. Etwas Belangloses. Ich spüre, wie er das Erzählte sich zu eigen macht, es mit seiner Persönlichkeit erfüllt und wie es nun sinnverklärt auf mich reflektiert. – Die Eltern haben ein neues Haus bezogen – das wievielte?! –, und ich bin zu Besuch da. Die Umgegend kenne ich noch nicht genau, und auf einem Spaziergang verirre ich mich. Ich sehe das Haus immer von einem neuen Winkel liegen und komme nicht hin. Endlich betrete ich das Eßzimmer – etwas atemlos und erhitzt –, wo die Familie die Mahlzeit fast beendet hat. Ich erzähle – Ich habe mich verlaufen, sah das Haus immer liegen und konnte es nicht erreichen. Ein Rudel sehr schöner, rotbrauner Rehe stand am Waldrand ... Er lächelt, und ich sehe, wie meine hingeworfenen Worte symbolhaft verwunschenen Charakter annehmen – das foppende Haus, unerreichbar unter einer sengenden Mittagssonne, zaubrisches Wild am Waldrand späht reglos in die Richtung des gefoppten Menschenkinds. Und ich mag ihm erzählen – Ich kenne eine blinde Katze, sie wohnt dort in der kleinen gelben Scheune – er hört es mit emporgezogenen Brauen, den Kopf leicht zurückgeworfen, mit gleichsam übertriebenem Staunen, Interesse, wie man es Kindern gern entgegenbringt, und doch ist es ihm ernst: Begreift sofort mit jeder Fiber das Seltene, Tragische des blinden Tieres – wie es da kauert, den wässerig-grünen Blick mit den übergroßen schwarzen Pupillen weit offen, weit offen und voll Frage und Leere, und wie es mit dem feuchten Schnäuzchen etwas schnüffelt, als ob es weine. Und wie es so seltsam und tragisch auf seinem Fleckchen kauert, mit feuchtem Schnüffelnäschen und leerem Frageblick, scheint es ihm plötzlich etwas boshaft auszusehen. – Und ich mag ihm erzählen von dem Lindenbaum – Der Himmel wurde schwül und schwarz und verbrannte ihn. Ich atme seine traurige Wirklichkeit und seine tiefe, beschützende, dufterfüllte Wahrheit.

Ich versuche, in meinen «Erinnerungen» ordnungsgemäß fortzufahren. Unwillkürlich mag nicht nur die Tonart wechseln, sondern es mag das Heute in seiner elementaren Neuheit das Gestern durchbrechen. Der Tod meines Vaters steht mir noch zu nah, als daß ich viel über ihn aussagen wollte. Eines nur – seine Gegenwart war stark. Seine Abwesenheit ist stark. Aber seine Abwesenheit ist voll Gegenwart. Und war seine Gegenwart nicht auch voll Abwesenheit? Sein Sein und sein Nichtsein fügen sich wundersam ineinander. Übrigens, wo verbindet sich das «Eigentliche» und das Öffentliche zu solcher Harmonie wie hier? Wo ist das Repräsentative so «organisch», wem ist eine hohe Weltlichkeit von innen aus beschieden, und wo ist Bescheidenheit und Erwähltheit gepaart wie bei ihm? Freilich, im Großen trifft sich vieles, vereint sich das Gegensätzliche. Ja, es ist vielleicht grundwesentlich für das Große, das Polare zu «decken» – Oben-Unten, Gut-Böse, Hart-Mild, Schmerz-Glück, Ernst-Spiel, Schön-Häßlich, Anfang-Ende, Tag-Nacht, Tod-Leben ... So war es kein Zufall, daß Höhepunkt des Lebens und Tod bei ihm beinah zusammenfielen. Kurz bevor er ging, zu seinem achtzigsten Geburtstag – anläßlich dessen man behauptete, daß ein Sterblicher so noch nicht gefeiert wurde –, sagte er, mit glücklich konsterniertem Lächeln – Ich habe das Gefühl, mein Leben löst sich in Festlichkeit auf (humoristisch-beschwichtigend) – ich hoffe, es setzt sich noch einmal! – So war dies Fest des Lebens todgeweiht. Seltsam – «Gespensterschloß» ist das (ironisch angewandte) Wort, bei dem ich abzubrechen gezwungen wurde.

Ich will sagen, daß das Gegensätzliche Europa-Amerika gut miteinander ging. Es ist irrtümlich zu glauben, um sich an das Neue zu akklimatisieren, müsse man das Alte abtun, ja sich dessen schämen, es verleugnen: ehrlicher ist es, dieses fromm bewahrend mit jenem zu vermählen. Zwanglos schieben sich die neuen Sitten und Bedingungen und Schattierungen dem Gewohnten unter, jene spielen freundlich in dieses hinein, neue Klänge gesellen sich zur Grundmelodie. Das Princetoner Palais mit seinen Dämmersälen und seinem verwunschenen Heckengarten, mit seinen amerikanischen Professoren-Dinners und seiner mütterlich-graziösen Negerbetreuung war das Einst, ins exotische Heute transponiert, dort waren wir, wie wir nun einmal sind, in andere Sphären gerückt. Immer mehr befreundete sich das erinnerungs- und traditionsbeladene und gleichsam beengte Ich mit jenen kolossalen, freien, leichten Sphären, und obwohl wir moralisch und örtlich so fern der Heimat waren, spürten wir hier zum ersten Male die Einheit der Welt. Paradoxerweise war sie noch mehr zu spüren, als auch Amerika in den Krieg eintrat: ja, je umfassender das Gemetzel, je umfassender der Kampf zwischen den Nationen wurde, desto klarer spürte man das unumgängliche Eins der Welt, das sich jetzt nur mit dem tragischen Vorzeichen offenbarte. Alle litten, alle waren betroffen, alle billigten die entsetzlichen Mittel zugunsten eines Zweckes, der durch die Nacht des allgemeinen Leides an Wahrheit verlor. Daß meine Brüder gegen ihr Vaterland kämpften, daß mir mein Vaterland meinen Mann raubte, wies auch auf das unumgängliche Eins der Welt hin; die tragische Verschlungenheit und Konfusion der Völker würde in ihrer harmonischen Auflösung enden.

Nach Vollendung ihres dritten Princetoner Jahres übersiedelten meine Eltern nach Kalifornien, dessen klimatische Verhältnisse sie gemäßer dünkten. Freilich, als sie im zeitentrückten Westen waren, mochten sie sich nach den Jahreszeiten sehnen, nach Wolken und Wettern. Nach dem Princeton zum Beispiel, wenn die alleeartigen Villenstraßen in der kalten Vornehmheit des Winters lagen, wenn abends die Christbäume buntglühend vor den verschneiten Portalen standen, wenn um die Mittagsstunde Papa dort auf den ausgeschaufelten Wegen spazierte und sich amüsierte, wie sein Pudel Niko wie ein schwarzes Wolleknäuel in den Schneehaufen rollte ... das gab es nun nicht mehr. Denn man war jetzt sehr ort- und zeitentrückt, was zur Folge hatte, daß die Wirklichkeit einem ferner und die Wahrheit einem näher war. In diesem unendlichen Licht, in dieser unendlichen Weite von Meer und Wüste und menschlicher Skrupellosigkeit konnte die schreckliche Wahrheit des Weltgeschehens unbehindert sich ausbreiten. Man fühlte sich hineinverwebt und verantwortlich dafür, so daß mein Vater beständig seine Arbeit am «Joseph» unterbrach, um seine verirrten Brüder dort drüben zu erleuchten und warnen. Nicht nur fuhr er ein- oder zweimal wöchentlich viele Meilen von seinem Sitz in Pacific Palisades «down town Los Angeles», um dort auf «Band» seine Rede «An die Deutschen» zu halten, sondern es beschäftigte ihn im Grunde Tag und Nacht. Die Palmenboulevards, Blumengärten und Orangenhaine, das pazifische Blau, die gelbgrünen Steppenberge, die ewige Sonne, der immense Sternenhimmel und die ewigen Düfte – die ferne Unschuld und Leichte dieser Sphären war voll Gewicht der eigenen Seele. Das Schlechte könne nicht siegen, war seine letzte Überzeugung. «Die Sünd, die Sünd!» hatte einst unsere robuste Magd in den Ostseewind gerufen, sie wütete fort. Unser Nidden gab es auch nicht mehr, es diente dem Generalfeldmarschall als Lust- und Jagdschlößchen: die lieben «heiligen» Elche waren von ihm ausgerottet worden. Und die Leute unseres Wahlkontinents zerbombten Papas Vaterstadt und unser Haus der Kindheit – und wir mußten ihnen dankbar sein; meine Brüder schrieben aus dem Feuer ernst-muntere Briefe, Freunde fielen, in Pacific Palisades hörten wir nachts das makabre Gebell der Kojoten ... Und eines Tages wurde Frieden. Wenn es auch nur ein Ermüden des Vulkanes war, dessen Lava nie aufgehört hat, in der Erde zu rumoren. –

Bloß zwischen den Zeilen sei gesagt, daß ich glaube, die entrückte Eleganz jener fernen Küste, ihre beinah abstrakte Schönheit und mondäne Öde, die meinen Vater zwölf Jahre lang umgaben, haben großen Einfluß auf ihn und sein Werk ausgeübt, haben ihn aus eigenen Traditionen ins Stilistisch-Waghalsige geführt, ihm den Mut für jene sprachlichen Experimente des «Erwählten» gegeben, die abgründig-polemische «Hauptkonfession» des «Faustus» ausgelöst und – obwohl er es schon in Europa schrieb – zu der scheinbar anrüchigen, doch in Wahrheit universell gesteigerten Selbstparodie des «Krull» beigetragen. Die strahlende Leere und Monotonie und Menschenfeindlichkeit jener Landschaft werfen den Menschen und gar den musischen Menschen auf schier grausame Art in sich selbst zurück, so daß er sein Eigenstes im Widerschein jener gleichsam jenseitigen Umgebung hervorzukehren vermag.

Er hat sich stets gewundert über seine kalifornische Existenz – wenn auch sein universeller Geist Freude und Nutzen aus ihr zog –, begraben wollte er dort nicht sein. Im Patriarchenalter hat er dort eine merkwürdige Entwicklung erlebt, doch mag er sich heimlich nach heimatlicherem Grund gesehnt haben: er war ihm gewährt. Seine letzten Jahre verbrachte er in intimerer Luft – er hatte genug Weite geatmet. Dichter und freundlicher ist es hier bei den Obstbäumen, Wiesen und Wäldern, bei den schönen Kühen auf der Weide und den bäuerlichen Rufen am landschaftlichen «Zürisee» in Kilchberg. Da liegt mein Vater begraben, sein Grab blickt auf diese friedliche Landschaft, ganz wie er es sich vorgestellt hat. Auch hier hat sich eine Vorstellung erfüllt, wie sein Leben auf Vorstellung, Phantasie gebaut war, die im Werk Erfüllung fanden.

Die amerikanische Zeit war eine Episode, und doch bildet sie einen Grundstein unseres Daseins – oder besser gesagt, sie festigt die Grundsteine. Das Irreale unserer Zeit ist nicht wegzuleugnen – mit ihrem hyperrationalen Forschergeist, der kosmischen Anbiederung des Menschen, der sich zugleich zu Staub analysiert –, und da das Irreale nun mal «in der Luft» ist, ist es ein Vorzug, es von der Nähe wahrzunehmen, den Kontinent zu erleben, wo es zentriert, am ungehemmtesten sich offenbart. Je mehr man eine Zeiterscheinung meidet, ignoriert, desto gefährlicher und verzerrter spukt sie in einem herum: es ist schon besser, sie mannhaft zu erkennen. In Amerika gelebt zu haben ist für uns Europäer nicht mehr und nicht weniger als eine Läuterung. Ich müßte ein frommer Narr sein, wollte ich es nicht zugeben, wollte ich mit frommem Hochmut meine Welt über deine Welt stellen, die ja beide eine Welt sind. Wie sehr sind wir verbunden, hängen voneinander ab, ein Trennenwollen wäre grotesk. Lächeln, ängstlich lächeln mag ich, aber mich nicht lustig machen über die «andere Seite», wie das mancher «eingefleischte» Europäer tut, seine Enkel mögen schon anders denken.

Es war zuerst und vor allem meine Mutter – dieser kindliche, pittoreske, tapfere Mensch –, die bei allem natürlichen Konservativismus viel «Modernität» an den Tag legte und viel Gefallen an jener Welt fand. Obwohl tief im siebenten Jahrzehnt, machte es ihr Spaß, im offenen Ford oder Buick die Boulevards entlangzusausen, an Tempo und Geschicklichkeit es mit jedem «Boulevard-Champion» aufnehmend, in den riesigen «Markets» einzukaufen, vor denen 50 Kinderwagen standen, indes sich die Hausfrauenmütter mit rauhen Mengen von «Büchsen» eindeckten, die sie dann im Kinderwagen deponierten, so daß ihr Baby ein Stück schreiende Konserve war. Sie gingen zu ihren adretten Bungalows mit dem abgezirkelten Blumengärtchen, wie sie zu Hunderten nebeneinanderstehen. Drinnen ist alles so praktisch und rein, man ist sein eigener Herr und braucht sich nicht von Dienstboten beherrschen zu lassen! Sogar unser großes, elegantes «Pacific Palisades» war oft ohne Dienstboten – wenn nämlich die philippinischen, japanischen oder Mohrenpärchen «ausverkauft» waren –, und meine Mutter konnte plötzlich – zuvor hatte sie keine Ahnung davon – kochen, und zwar vorzüglich. Sie ging mit kindlichem Stolz und Freude mit den blitzenden «klugen» Apparätlein um, und neben jenen «Wirtschaftssorgen» versäumte sie nicht ihre anderen mannigfachen Geschäfte und Pflichten und vor allem, dem Vater zur Seite zu stehen. Nicht ohne Liebe und Ehrgeiz stand sie den gesellschaftlichen Ereignissen vor: denn jene Hollywoodschen Star-Dinners mochten sich nicht lumpen lassen. Eigentlich gab es sonst nie und nirgends einen Ort wie das damalige Hollywood, Ort der «Großen» – Schriftsteller, Dichter, Virtuosen, Komponisten, Dirigenten, Schauspieler aller Nationen –, wo jeder für sich regierte, merkwürdig isoliert auf seinem

Throne saß. Und jene olympischen «parties» – märchenhaft glanzvoll wie sie waren – bildeten einen recht fadenscheinigen Verkehr zwischen ihnen.

Unvergessen sind die feierlich-monströsen «Bowl-Konzerte», die Auffahrt der Tausende und Tausende von Autos, die makellose Menge – nirgends habe ich eine so ordentliche, andächtige Menge gesehen wie hier –, das überdimensionale Amphitheater mit der perlmuttrig erleuchteten Muschel, in der das Orchester saß, die Haydn-Symphonie, die zwischen Wüstenbergen unter einem immensen Sternenhimmel ertönte … Wenn wir «en famille» dabei waren – übrigens saß unser jüngster Bruder bratschend in der Muschel –, stellte meine Mutter auch hier ihren Mann, indem sie klug und furchtlos den Wagen durch den alptraumhaften Verkehr lenkte. Und scheut sie heute etwa – im achten Jahrzehnt – die Wogen des Meeres? Ich sehe noch meine Eltern auf der Ozeanpromenade von Santa Monica unter dem strahlenden Mittagshimmel, beide in Weiß, Papa mit Panamahut und Sonnenbrille, den schwarzen Pudel am roten Geschirr, gesittet, treu Arm in Arm zwischen den Palmen und bunten Beeten spazieren, Mama mit kindlicher Lust nach den schäumenden blauen Wellen spähend: es wäre doch schön.

Es wohnt etwas Ungestümes, eine Urkraft in ihr, die sie ihrer Gattin- und Muttermission opfert: gleichsam erfüllt sie diese Mission mehr aus Ehrfurcht vor dem Schicksal und aus einem tiefen Pflichtgefühl als aus tiefster Neigung: um so bewundernswerter ist ihr Leben. In Abendtoilette, angeregt konversierend auf prominenten Festlichkeiten, wirkt meine Mutter, als ob sie das nur so spielte, weil man es ihr befohlen hat: eigentlich möchte sie im bunten Leinenkittel durch den Föhnsturm über das Moos laufen; oder wenn sie das Auto durch die eleganten Geschäftsstraßen lenkt, möchte sie eigentlich das Höhensteuer ziehen und über die Menschen und Hausdächer hinwegfliegen; oder wenn Papa ihr Briefe diktiert, möchte sie eigentlich hohe Mathematik treiben oder mit klingelndem Schlitten durch Sibirien fahren; wenn sie im Vortrag von Papa sitzt – repräsentative Dichtersgattin, in der ersten Reihe –, möchte sie eigentlich in die Erde versinken und mit Erdheinzeln irgendwelchen Schabernack treiben ... Wie scheinen Sein und Wollen hier heimlich und koboldhaft auseinanderzugehen! Doch letzten Endes kann niemand gegen seinen Willen fünfzig Jahre lang etwas so vollendet sein, was er nicht ist, und so hat meine Mutter letzten Endes *dies* Leben gewollt. Aber jene Urkraft mag ihr nun zugute kommen, jetzt, da sie alleine ist. Zu Hause in Kilchberg, wo der Pudel Niko – er ist der gleiche, nicht derselbe – durch die Flügeltür vom Wohnzimmer ins Arbeitszimmer blickt, er schaut mit großem, goldenem, fragendem Blick zum Schreibtisch und wedelt, zu Hause in Kilchberg mag sie stark sein, und mögen die guten Geister sie behüten! Und da ist auch meine älteste Schwester, die von jeher den Eltern zur Seite stand. Und da sind die Enkel, die sie sehr liebt und die sie sehr lieben.

Meine «literarische» Zeit war in jenen amerikanischen Jahren. Damals berauschte ich mich an Tolstoi, Dostojewski, Gogol, Turgenjew, Goethe und Balzac, Fontane, Dickens, Shakespeare und Dante, deutschen Romantikern, Maupassant, Whitman, modernen Amerikanern ... Ich las und las in verschiedenen Sprachen Hunderte von Bänden, die ich bei Antiquaren kaufte und mit denen ich meine verschiedenen «möblierten» Zimmer schmückte. In verschiedenen Sprachen – welche Bereicherung sind fremde Sprachen! Kennt man sie, kommt man der Sprache als solcher gewissermaßen «auf den Schlich». Wenn man ein Klavierstück für die Geige transponiert, liegt auf dem Wege der Transkription oder Transponierung das «Instrumentlose», die «absolute Musik»: während ich es transponiere, höre ich es zugleich auf zwei verschiedenen Instrumenten, also auf gar keinem Instrument. Ähnlich ist es mit den Sprachen – zwischen den verschiedenen Sprachen liegt die «sprachlose», die «absolute Rede». Ich könnte weitergehen und sagen, daß zwischen den verschiedenen Kunstsprachen – Malerei, Musik, Dichtung – die «absolute Rede» liegt. Ich könnte auch sagen, daß in jener «Aufhebung» alle Künste sich treffen. Also, ist der Künstler auch nur Herr einer Kunst, so weiß er doch um alle Künste. Mein Vater zum Beispiel hielt sich viel in jenen «absoluten Sphären» auf, «zwischen den Künsten», und er wußte um die Musik, die aus seinem Werk tönt.

Es ist nicht meine Absicht, ein Essay über das Werk meines Vaters zu schreiben. Es würde mir wenig anstehen, auch könnte ich es gar nicht: Tausende mögen es «besser» kennen und haben mich deshalb gesprächsweise schon manches Mal in Verlegenheit gebracht. Wenn es zu Zitaten kommt oder gar zu «akuter Kenntnis» literarhistorischer Zusammenhänge, verstecke ich mich hinter meiner Unwissenheit, die allerdings teilweise Finte ist. Ich fühle mich bei solchen Gesprächen dumm gemacht und auch «in den Wurzeln» angegriffen, aus denen es arrogant zu flehen scheint – Bitte schweigen Sie doch! Ich habe «ihn» nicht mehr gelesen als einen anderen Autor, aber da ist doch eine «organische» Verbundenheit zu dem Werk wie zu keinem anderen. Als mein Vater mir den «Faustus» von Pacific Palisades nach Manhattan sandte, schrieb er hinein

– Für Mönchen, sie wird es schon verstehen. Darin liegt eine flüchtige, schon abgetane Geringschätzung, an deren Stelle sofort Vertrauen tritt. Und jener Widmung entspricht ungefähr mein eigenes Empfinden: paradox ausgedrückt, ohne gründliche Kenntnis kenne ich das Werk von Grund auf. Mein Vater sagte, daß «Stil» die Anpassung an den Stoff sei. Gut. Jedoch sein Stil überflügelt, überstrahlt den Stoff. Das klingt, als ob er ein Virtuose sei. Er ist es. Aber – denkt man an Passagen im «Joseph» oder «Tod in Venedig» – jene «formale Oberhand» ist eine rührend schöne, beseelte Virtuosität. Ich möchte sagen, das Werk meines Vaters ist mehr vergeistigte Form als geformter Geist. Es ist nicht wahr, daß Leben und Werk zwei sind, sie sind – und gerade bei ihm – eins. War nicht – wie sein großes Epos – auch sein Leben von der Form beherrscht, so sehr, daß es gleichsam mehr gelebte Form als geformtes Leben war? Die Form diente ihm nicht, sie war primär. Ordnung, Höflichkeit, Maß, Geduld waren nicht Mittel, sondern Uressenz, denen er Leben und Sinn verlieh. Welch tiefe Ordnung und Form beherrscht sein Leben und seinen Tod! Bei Sonntagsglocken wurde er geboren, und das Festgeläut seines hohen Wiegenfestes klingt in seinen Tod hinein. All die hohen Ehrungen, die ihm zuletzt erwiesen wurden, all die offiziellen und privaten Danksagungen und Anerkennungen – diese letzte Hymne an ihn, das war auch ein Sonntag. Und zwischen jenem ersten und diesem letzten Sonntag liegt eine schwere Arbeitswoche. –

Sprach ich von der «absoluten Kunst», so ist New York die «absolute Stadt». Die All-Stadt, in der die Städte sich aufheben, Stadt bis zur Abstraktheit. Die Architektur, das Licht, das Tempo, das Klima, die Größe, das Kosmopolitische sind Komponenten, viel bleibt, das Geheimnis ist. Wenn man im Zimmer von einem «rooming house» bei heruntergelassenen «blinds» mit geschlossenen Augen auf einem Sofa liegt, ahnt man es, das helle, harte, reine, abstrakte, hochgespannte, klassische Wesen dieser Stadt der Städte. Wenn man sich erhebt, ans Fenster tritt, die «blinds» öffnet und hinausschaut, ahnt man es nicht mehr, sondern weiß, daß man Teil davon ist. Und wenn man durch den «Central Park», die «Fifth Avenue», den «Broadway», die vielen, vielen Parallelstraßen geht, ist man Teil davon, ohne es zu wissen. Die Solidarität zwischen den Menschen ist nicht groß, weil ein systematisiertes, unabhängiges Leben Kameradschaft, menschliche Annäherung fast ausschließt. Dafür gibt es eine unbewußte große Zugehörigkeit in dieser Stadt wie in keiner anderen. Jenes systematisierte Dasein, das die Menschen voneinander trennt, sie einsam macht, bildet ein Ganzes, in dessen Schutz man steht. Ja, in New York ist man einsam wie in keiner anderen Stadt, zugleich gewährt es eine Protektion wie eine riesige, stählerne, abstrakte Mutter. Obgleich man sie nicht bewußt genießt, gibt sie einem nicht nur die Kraft für jene harte Einsamkeit, sondern manchmal ein unbegreifliches Glücksgefühl. Wenn ein Mandelbäumchen im bleichen Licht sein nacktes Gezweig gegen die Wolkenkratzer erhebt, wenn Hunderte von Füßen auf den «Subway»-Treppen schlurfen und bleiche Mienen blind emportauchen – blind für den anderen, nur das eigene Ziel im Auge –, wenn alles unberührt von Wärme so geradeaus nach vorwärts treibt, wenn plötzlich jenseits des Hudson das Licht sich verfärbt und Mandelbäumchen, blinde Mienen, Wolkenkratzer in Sonnenrot taucht und die Sirene vorbeigellt wie krasse Erlösung – so geht man darin auf, fühlt sich geborgen wie in einem Element, möchte es festhalten, heiligen, so unbegreiflich stolz und schön ist es.

Die vielleicht für europäische Begriffe prosaische, amusische «kalte» Stadt hat ihre eigene rigide, stolze Poesie – wie wir sie schon von Walt Whitman her kennen und von Gershwins Melodie. Man ist einverwebt in jene Melodie, die trotz ihrer Mannigfaltigkeit wie eine Leier ist. Eine hektische Monotonie scheint aus ihr zu strömen, eine eiserne Schwermut und eine Verschworenheit an das Heut und Jetzt. Und weil es das Gestern und das Morgen nicht zu geben scheint, ist das Heute immer stark und rein wie ein junger Löwe im Vakuum. Ohne Erinnerung, im Grund ohne Ehrgeiz lebt man in der Gegenwart. Man verdient die Dollars und gibt sie aus, man heiratet eine Frau und tauscht sie für eine andere ein, man ißt von Papiertellern und wirft sie in den Eimer, man hat einen Beruf und wechselt ihn, man kauft sich ein Auto und man verkauft es … Sich nur nicht an etwas verhaften, frei sein, ohne Bindung, ohne Tradition sein: ihre Tradition ist im Heute. Bedauert jemand etwas von vorgestern, so heißt es gleich – That's a long time ago, that's done and over now, let's forget about it, let's start anew! (Das ist lang her, das ist geschehen und vorbei, begraben wir es, fangen wir von vorn an!)

Dies ist keine bloße Theorie, sondern ein Talent, eine Natur, die sie besitzen und veräußern. Nicht, als ob es ganz an Geselligkeit fehlte in New York, doch sie ist meist oberflächlich, leer, gar zu unzeremoniell. Dafür ist eine echte Freundschaft Goldes wert. In freundlicher Begleitung vermag man auch über jene fast offensiv glanzlosen Zusammenkünfte, die einmal an diesem, einmal an jenem Ende der Metropole stattfinden, zu lächeln. Es sind Gesellschaften, wo viel getrunken und wenig gesprochen wird, wo der

Televisionapparat die Hauptunterhaltung abgibt, wo die Menschen wie auf der Straße herumstehen, wo der Hausherr beständig in der Küche «ice cubes» bereitet und wo man ohne sichtlichen Grund bis zwei Uhr morgens ausharrt. Meistens ist ein «star» – eine Tänzerin, ein Boxer, ein Negerpoet – die Attraktion des Abends, der aber im Firmament der Whiskygläser und «potato chips», absurd gemusterten Krawatten, karierten Jacken, Nylonblusen, Lippenrot und hohlem Gelächter untergeht. Das Sonderbare ist, *daß* man bis zwei Uhr morgens ausharrt: gleichsam in einen Bann der Ödigkeit versetzt, die jedoch in ihrer Programmäßigkeit, in ihrer Bewußtheit und Gewolltheit nicht einer gewissen Grandiosität bar ist. Nicht selten wurde man dann noch in eine Bar dirigiert (let's have another drink!), und es wurde mindestens zwei Uhr fünfundzwanzig: früh am nächsten Morgen wurde man von einer Feuersirene geweckt.

Die Energie der Menschen ist fabelhaft. Ich kannte manchen, der am Sonntag eine Filmmatinee besuchte, nachmittags das Symphoniekonzert und abends den «Rosenkavalier» oder den «Tannhäuser». Dazwischen sah er «en famille» auf dem Kanapee «Fußball» in der Television, den «Scotch» neben sich, die «Lucky» im Mund. Auf dem Weg zum Theater spielte das Radio im Auto Jazz – und dabei war er immer bester Laune. Am nächsten Tag in seinem «office» hatte er schon alles vergessen. Andere chauffierten übers Wochenende tausend Meilen durchs Land, um an irgendeinem traurigen Schilfweiher in ihrem Wohnwagen Orgien zu feiern. «Keep smiling!» Es war herrlich. Und *ist* diese Energie nicht herrlich? Ich kannte einen kranken Knaben, den Insulinspritzen am Leben hielten und der Nachtarbeit in einer Fabrik machte. Er hieß Happy, und er war es. Die meisten Menschen haben neben ihrem Beruf ein «hobby».

Dieser kranke, glückliche Nachtarbeiter schnitzte tagsüber Spielzeug aus Bambus und Streichholzschachteln. Ein Tankstellenmann mag «nebenher» Saxophonist sein, ein Zahnarzt abstrakte Bilder malen, ein Polizist Psychologie studieren, ein Ladenfräulein in die Schauspielschule gehen, ein Liftjunge «Quiz»-Spezialist, eine Stenotypistin Koloratursängerin, ein «Drugstore»-clerk Schlittschuh-Champion, ein Klavierstimmer Astrologe, ein Autobuschauffeur Varietékünstler sein. «To make money» ist eins, und sich amüsieren ist ein anderes. Diese Spaltung führt nicht selten zu einer inneren Spaltung, mag sogar zu Irrsinn führen: da kommt wiederum das Heer der Psychoanalytiker zu seinem Recht. Die Arbeitsenergie ist enorm. Ob das nun ein Reklamezeichner, Collegeprofessor, Radioansager, Bäckermeister, Wallstreetbeamter, Sportagent, Kunsthändler, Chirurg oder Farmer ist – er lebt unter großer Anspannung seiner Kräfte (die zwar durch Routine entlastet wird): Höchstleistung wird verlangt und gegeben. Ein kleines Büromädchen tippt «wie der Blitz», jedes Provinzorchester spielt mit elektrisierender Präzision, jedes «show girl» arbeitet wie eine Maschine. Perfektion – trotz Quantität – (wenn auch im oberflächlichen Sinn, weniger auf das einzelne als auf die Gesamtpotenz zielend) ist an der Tagesordnung. Ein beliebter Ausruf des Urteils ist «perfect!» – ob es nun ein Schauspiel, einen Witz, ein Gericht, eine Frau oder das Wetter betrifft, und es liegt darin immer das Lob der Höchstleistung. Äußerster Komfort, Hygiene, hoher Lebensstandard schließen die Strapazen nicht aus, erfordern zugleich Aufopferung und stählerne Nerven. Allein die Subway-Fahrten – bei denen die Menschen gedrängt wie das Vieh sind –, die Mittagspause in den Cafeterien, in denen Fülle und Lärm betäubend sind, die unbeschreibliche Sommerhitze genügen, einen Menschen auf harte Proben zu stellen. Sein «keep smiling» stählt ihn, und gleichsam stählern ist sein «keep smiling».

Ich habe manche Reise unternommen. Die Fahrt zu den Eltern nach Kalifornien quer durch den Kontinent. Vier Tage und vier Nächte durch die «Leere», durch die Steppen, die von schneebedecktem Felsgebirg unter einem lauten Azur unterbrochen waren. Ich erinnere mich, daß ich auf jenen Reisen mich zuweilen leer und glücklich fühlte, als ob ich träumte, als sei nirgends ein Anfang oder ein Ende, an dem man sich stoßen könne, als sei nirgends Not und Leid, als sei ich nur eine Hülse meiner selbst, die gewicht- und sinnlos Raum und Zeit überwand. Ich bin nach Carolina, New Hampshire, New England, durch den Staat New York und nach Vermont gefahren, wo es überall schöne, warme «europäische» Landschaften gibt mit waldigen Bergen, blumigen Wiesen und malerischen Seen: aber mitten in der Landschaft befindet sich oft etwas Gigantisches, Abschreckendes, wie eine riesige Truthahnfarm, in der es flattert, plärrt und stinkt wie in der Hölle, ein riesiger Flugzeugcampus, wo die gigantischen metallenen Insekten unzählig und entsetzlich in der Sonne blitzen, oder ein großes Altersheim, wo Tausende von Greisen ihr Wesen treiben.

Zweimal im Jahr kamen die Eltern durch New York. Manchmal traf ich dort meine Geschwister: besonders hatte ich mit meinem seligen ältesten Bruder dort innige Stunden. Auch kam gelegentlich meine jüngste Schwester mit Aktenmappe aus Chicago «herüber». Ich frühstückte mit meiner ältesten Schwester, die im Bett lag, da sie eben eine «lecturetour» von 52 Städten absolviert hatte, oder mein jüngster Bruder besuchte mich, mit seiner Geige auf dem Wege von San Francisco nach Deutschland, zu einem rotweinseligen Abend. Ich verbrachte gute Tage mit den Eltern in «streamlined» Hotels bei traulichen Gesprächen. Bei Tisch hielt sich Papa wie gewöhnlich an die Suppe – die er sehr heiß mit sichtlichem Behagen rhythmisch auszulöffeln pflegte – und an den «ice-cream»: seit vielen Jahren langweilte, ja quälte ihn das Hauptgericht. Er freute sich an dem, wenn auch fließenden, so doch drolligen Deutsch des Kellners und gab mit kindlich überraschtem, zugleich glücklichem Lächeln irgendeinem herzugetretenen Gast ein Autogramm. Er rauchte zwischen den Gängen die längliche, etwas feminine Zigarette «Reeges» und trank ohne Skrupel zwei Täßchen starken Kaffee. Zum Tee empfing Papa in der gedämpften «Suite» mit dem handdicken Bodenbelag, den fraisfarbenen Fauteuils, goldgerahmten Spiegeln, vor denen Gladiolen ihre etwas hohle Pracht entfalteten, einen Verleger, einen Journalisten, einen Freund oder einen Fremden, der meine Mutter am Telephon davon überzeugt hatte, daß er «den Meister zehn Minuten sehen müsse». Nachdem er seine Verehrung ausgesprochen, wollte er entweder 1000 Dollar oder einen «menschlichen Rat» oder er zog ein umfangreiches Manuskript aus der Tasche, für das mein Vater Propaganda treiben sollte: als er es las, mußte er entdecken, daß es Unsinn war. Der Fremde kam verzerrten Angesichts noch einmal zum Tee, erhielt sein Manuskript zurück mit einem herzlich bedauernden Lächeln, einem kleinen Geldpräsent und dem höflichen Rat, Hühner zu züchten, Kunst sei nun einmal nicht für jedermann. Im übrigen könne es trotzdem sehr wohl sein, daß er auf der Hühnerfarm eines Tages eine sehr nette kleine Novelle schriebe.

Einmal spazierten wir die Fifth Avenue gegen den Central Park zu, ganz ähnlich, wie wir später in Rom die Via Veneto zur Villa Borghese hinaufspazierten – jene mondänen Stadtteile ähneln einander –, es war eine absurde Hitze. Papa ging aufrecht, Panamahut und Spazierstock in der Hand. Ein klein wenig mochten seine Schultern hängen, mochte sein Hals schräg vorwärts geschoben sein, als er das Auge an den Gebäuden emporschweifen ließ und stehenblieb. Er zog das nach Veilchen duftende Stecktuch aus dem Sommerrock – der, obwohl er «von der Stange» war, sehr elegant an ihm wirkte – und führte es zur Stirn, sie sorgsam betupfend. Dann ging er gleichsam gestrafft und befriedigt weiter. Die Schultern hingen zwar wirklich ein wenig, und der Hals war etwas seitlich vorgeschoben – er schien ein bißchen traurig, ein bißchen «auf der Hut», ein bißchen in sich hineinstaunend angesichts der Wucht dieser Stadt. Was tat der Lübecker Patriziersohn in ihr, wie kam er hierher? Was hatte jenes uralte, giebelig verzweigte, aber handfeste Hafenstädtchen mit diesen kolossalen und zugleich schwebenden, nackten, himmelstrebenden Massen von Stahl und Stein zu tun? Man frage nicht. Man war eben hier. Es war so gekommen – aus «historischen Anlässen», aus «Schicksalsschrullen», aus heimlichem Eigenwillen ... vieles kam zusammen, daß es so kam, und man hatte sein Scherflein dazu beigetragen, denn ohne einen selbst passiert einem nichts. Die Hitze war absurd. Auf dem Rücken des Sommerrocks war ein runder nasser Fleck. Die Hitze verschlang den Lärm, er schien in ihr zu ersticken. Ein feuchter Schleier schien über den ironisch lächelnden Augen meines Vaters zu hängen. Er nickte. Er schwang seinen Panamahut, als winkte er mit ihm auf die andere Straßenseite hinüber, er drehte sich um, blieb stehen, nickte – schien beständig auf Bekannte zu stoßen, so daß er endlich den Blick senkte, seinen Schritt beschleunigte und ein Lachen zu verbergen schien.

Sah mein Vater vielleicht die Kroegers und Hansens, die Schimmelpreesters und die Buddenbrooks, die hehren Konsulinnen mit blonden Turmfrisuren und wogenden Büsten, die backenbärtigen, «vatermörderischen» Senatoren, einen Band Zola – am Ende war es gar «Nana» – in einer dichten gestickten Schutzhülle versteckt, mit hohlem Gelächter Zylinder lüftend wie aufgezogene Marionetten zwischen den Wolkenkratzern zappeln? Die Zeit, die Kriege, der eigene geheimnisvolle, universell-abenteuernde Wille hatte uns aus dem Ursprung auf den Mond ... Papa rannte fast eine Dame um. Obwohl sie sehr erschrocken war, sah sie ihm sympathisierend, ja entzückt nach. Wieso? Und sie hatte bei dem Zusammenstoß einen Handschuh verloren, und niemand hob ihn auf. Später würde sie es entdecken und an jenen Herrn zurückdenken. Sie würde aufs neue entzückt lächeln ... Papa entfaltete das Veilchentuch und tupfte sich Nacken und Gesicht: die Hitze war absurd. In Stockholm und Kopenhagen würde es kühler sein, in Amsterdam, London, Hamburg und in Sils. Mein Vater fuhr einmal im Jahr wie ein Virtuose durch die Welt und «las vor», nahm irgendwo einen Orden oder Doktorhut entgegen und kehrte wieder nach Pacific Palisades «heim», wo er dann ohne Unterbrechung an seinen Romanen weiterschrieb und von einem «Chalet» in der Schweiz träumte. Jetzt, mitten im dröhnend heißen New York, schien er plötzlich geblendet wie von einem Christbaum. Er stand vor einer Auslage von Silberwaren. Ein großes, herrliches Schaufenster voll wunderhübsch blitzender, blinkender, glimmender, gleißender, glitzernder, glühender, schimmernder, strahlender Gegenstände – wie es mein Vater von jeher so liebte. Es faszinierte ihn. Er schaute ganz sehnsüchtig und betört hinein. Er war gar nicht wegzubringen. Meine Mutter mußte ihn am

Rockärmel fortziehen. Es war das Sonntägliche, Festliche, das ihn dabei befiel, das ihn gefangenhielt und das ihn mit Blinken und Geläut hinab in den Ursprung und empor ins Ewige, Unbekannte trug.

Nach zwölfjähriger Abwesenheit sah ich Europa wieder. Was bewegte mich, dorthin zurückzukehren, und kehrte ich dorthin zurück mit der Absicht, mich von Amerika loszusagen? Ich verließ es recht absichtslos, ließ meine Habe – Bücher und Hausrat – da und auch ein gut Teil meiner selbst. Diesen Kontinent tut man nicht einfach ab. Und obwohl ich schon seit Jahren wieder in der «alten Erde» wurzle, nach der es mich unwiderstehlich zog, habe ich ihn bis heute nicht abgetan. Sein weites, anonymes, kindhaftes Wesen öffnet einem die Augen, erfrischt einem den Sinn, der Blick und das Herz sind mir durch ihn offener geworden: offener und unbefangener, kritischer und dankbarer für die Welt. Die Vergleichsmöglichkeiten, die Parallelen, die sich im Unendlichen treffen, erweitern den Horizont, stimmen loyaler und gleichsam wehmütiger, weil das Kind nun weiß, was hinter jenem Vorhang ist, Neugierde und Illusion dahin sind. Ich habe jetzt manchmal einen Italiener oder Deutschen getroffen, der spöttisch oder sehnsüchtig sagte – Das möchte ich auch einmal sehen, dies Amerika! Und ich wollte ihm erwidern – Geh nur hin, all deine lächerlichen oder herrlichen Vorstellungen werden einstürzen und eine neue Wirklichkeit wird wie eine Gewalt, wie eine Festung vor dir stehen! Wir machten uns ein wenig über unsere eigene Bewegtheit lustig, mein jüngster Bruder und ich, als wir Genua auftauchen sahen. Es tauchte auf wie eine Vision, und indes sie ein immer klareres Gesicht annahm, die Paläste sich über den buntbelebten Hafenwassern türmten, weinten, sangen und schrien die

Heimkehrenden auf unserem Schiff. Es war gut, daß wir uns ein wenig über uns lustig machten, denn wie das Überglückliche oder Übertraurige leicht ins Komische fällt, so fehlte es auch in diesem überrührenden Moment nicht an Groteskem. Indes auch uns die Herzen klopften und die Tränen in den Augen standen, waren wir wie gelähmt, zwischen unseren zahllosen Gepäckstücken und aufgeregtem Volk, chaotischen Zollproblemen, Dolmetschern, Fremdenführern, Bettlern, Kindern und Halunken, die uns das Geld aus der Tasche zogen und das Blut erhitzten – bis wir, in sanfte Raserei verfallend, jede «Hilfe» von uns wiesen und uns endlich in einem» dubiösen» Hotel geborgen sahen und uns zwischen Weinen und Lachen der ersten heimischen Nacht hingaben.

Es muß Gott wohl gefallen, die großen Momente mit Pfeffer zu bestreuen, und er tut gut daran. Sie werden dadurch nicht kleiner, sie behaupten sich stolz unter dem feurigen Gewürz. Es ist das In- und Gegeneinander der Werte in einem Ding, das seinen Gesamtwert ausmacht. Und es war ein In- und Gegeneinander meiner Empfindungen zu Beginn meiner Heimkehr. In mir herrschte eine «heilige Verwirrung der Gefühle», unter der ich litt, doch vielleicht litt ich gerne unter ihr. Das Vertraute, unter neuen Perspektiven in eine neue Zeit gestellt – hinter der all das Erlebte und Erfahrene wie bunte Schatten tanzte –, war schwindelerregend: bereitete zugleich Schmerz und Glück, Schwere und Zärtlichkeit, Enttäuschung und Erfüllung, es erschien klein und nichtig, gemessen an den Träumen, die man in der Ferne davon hegte: dafür mochte ich es in mir bergen wie ein Spielzeug, das vom Himmel in meinen Schoß gefallen war. Und bei alldem schien das Vertraute wie erstarrt in einer Welt voll Bewegung und Wandlung zu stehen. Nur langsam nahm das «Spielzeug» Größe und Würde an, legten sich die Spannungen, schwand jenes Gehege des Sinns, wo wie im Dornbusch Tage und Wochen sich verfingen, nur langsam stellten sich Ordnung und Ruhe ein. Ohne Kompromiß ging es nicht ab. Denn ich vermochte nicht, in der «alten Erde» mein Heimatland als meine Bleibe zu wählen, sondern Italien, das schon lang die Heimat meines Herzens war.

Ich glaube, in dem Kompromiß liegt weder Ressentiment noch Entsagung, sondern eine natürliche, ehrliche Fügung. Es wäre Vermessenheit, ins Einst zurückzukehren: zu sehr ist das Fremde mir zur Heimat geworden. Und nirgends ist – wie in Italien – das Fremde so heimatlich. In der Exotik seiner Landschaft, seiner Städte, seiner Menschen, seiner Sprache liegt so viel Musik und Urverwandtes, als komme man selber von da her. Da ist so viel Naives und Authentisches, so viel anspruchsloser, natürlicher Wert, so viel Kindlichkeit in so viel alter Zeit, so viel Natur und Geschichte, so viel Stolz und Bescheidung, so viel Armut und so viel Glück. Ich meine hier weniger die motorisierten, ambitiösen Großstädter – sogar sie sind noch «echt», zuletzt unkorrumpierbar –, ich meine vor allem das Volk mit seiner angeborenen, tief menschlichen Grazie – die Bauern und Fischer und Handwerker, die kinderreichen Armen, deren Dasein oft von biblischer Primitivität und Schönheit ist. Das Volk, obwohl es arm ist, unterdrückt und dienend, obgleich es auf der Erde herumkriecht für ein paar gefallene Oliven, für ein Stück Brennholz, für eine Lire, die ein Reicher ihm hinwarf, das Volk ist es, das dennoch das dominierende, das eigentliche Element des Landes ist. In aller Demut regiert es das Land, schwebt es wie eine schlichte, heilige Urkraft über einem verbohrten Bürokratismus, über muffigem, ungelüftetem, bösem Kleinbürgertum, über opportunistischem, hypokritischem Pfaffentum, über abwegigem, fanatischem Parteientum. Ich glaube, Italien ist das einzige Land auf der Welt, wo ein gesunder Individualismus und ein natürlicher Sinn für humane Urgesetze einer mechanisierten Massenbewegung nie ganz Platz machen werden. Daß sie verführbar und abenteuernd sind, ändert nichts an diesem Grundzug und meinem Glauben an sie.

Während ich München, die Stadt meiner Kindheit, nach zwanzig Jahren wiedererlebte, drängte es mich zu ihnen. Nach ein paar Wochen in meiner Vaterstadt fuhr ich nach Rom. Meine Vaterstadt ängstigte mich. Nicht nur, weil vieles in ihr zerstört und verändert war und weil ich fast niemanden mehr dort kannte, sondern weil mein Erschüttertsein auf der Straße lag wie ein Apfel, den man zertrat. «Hauptgefühle» erlebt man lieber zu Hause, ungesehen, ich aber, indes ich durch unsere Stadt «mondwandelte», erlebte sie in aller Öffentlichkeit grausam exponiert und grausam unerkannt, so daß ich mich vor den Leuten schämte. Schämte, aber ich fühlte mich auch versucht, sie am Ärmel zu zupfen, ihnen Verschiedenes ins Ohr zu sagen, ihnen einen flammenden Bericht zu geben und dann laut zu sagen – Sehen Sie, nun wissen Sie's, lieber Mann. Sogar sein Gamsbarthut und sein Lodenmantel mochten mir nun wohltuend eingeweiht erscheinen, und sein genagelter Schritt, der sich über das Pflaster entfernte, stählte mir das Herz. Ich weiß nicht, welcher Kobold mich zwickte, als ich unvermittelt in gebrochenem Deutsch einen Zeitungsverkäufer nach einem bekannten Platz fragte. Er erklärte mir's auf seine Art – mehr gutmütig als deutlich –, worauf ich eine möglichst ausländische Zeitung bei ihm kaufte und jenem Platz zusteuerte. Als ich mich dort in ein Café setzte und die ausländische Zeitung las, konnte ich das Spiel vom Ernst nicht mehr unterscheiden, denn es war kein Zweifel, daß ich zu einem guten Teil mich als Fremde fühlte. Es war November und dicker Nebel. Ich nahm ein Taxi, weil die Trambahnnummern gar nicht mehr «stimmten», was mich befremdete. Es fuhr wie der Teufel. Als ich ausstieg und bezahlte, sagte der Chauffeur – Jetzt haben wir es doch geschafft. Habe ich Ihnen denn gesagt, daß es so pressiert? fragte ich den Mann, heiter-entsetzt von der halsbrecherischen Fahrt. G'schafft hammers doch! sagte er stur und lustig. Ich sah nur Nebel und ein Haus, das ich nicht kannte. Die Fenster waren hohl, in einem Fenster pendelte ein Anstreicher und schlug mit einem großen Lappenpinsel Kalk an die Wände. Ich sah entgeistert zu ihm hinauf. Er grinste. Ich grinste zurück, worauf er ernst, fast mürrisch herunterfragte – Ziehen Sie hier ein? Ich glaube nicht. Nicht glauben tun Sie? Nein, sagte ich, und überhaupt sei ich nicht von hier. Ich ging weiter. Als ich wieder an dem Haus vorbeikam, war der Anstreicher unten auf der Straße. Er trug jetzt eine dunkle Jacke zu seiner weißen Hose, er schwang sich aufs Rad, als er mir sein junges Gesicht zuwandte und herüberrief – Grüß Gott, Fräulein! Ich wollte rufen – Halt! Aber er war schon verschwunden.

Das unbekannte Haus da im dicken Nebel stand an Stelle meines Elternhauses. Der Gartenzaun stand noch da, ein wenig verwittert, aber es war unverkennbar unser Gartenzaun. Durch die Latten hindurch sah ich, daß die Birken nicht mehr da waren, die Rosenbeete und die Fliederbüsche – nicht einmal die Kastanie: nur der «Laubengang» war noch da, und allerlei Schutt lag aufgehäuft. Ich hätte hineingehen können, es war niemand da, ich tat es nicht – es war alles so traurig und unsinnig. Es tat weh, so unsinnig war es. Aber etwas triumphierte in mir. Was war da zu triumphieren? Daß ich da stand an der trüben, verwehten, maskierten Stätte meiner Kindheit und sah und fühlte – mit hochgestelltem Mantelkragen, die Stirne in Falten gelegt, ein wenig auf meinen Schirm gestützt wie ein General, der, auf seinen Säbel gestützt, über die Trümmer des Schlachtfelds blickt. Ich ging zu den «Chauffeuren», nämlich in jene Kneipe oberhalb des Flusses, wo wir als Kinder manchmal zu einem Glas Bier oder Limonade eingekehrt waren. Ich ging über die Brücke, hinter der die Kirche mit dem Zwiebelturm steht, deren Schlagen voller Strenge und Verhängnis war – wenn wir zur Schule gingen. Da schlug sie wieder, wie eine Parodie über die Jahrzehnte weg. Und ich ging in den Englischen Garten, wo schöne Hunde und nette Kinder zwischen den vernebelten Bäumen tollten und wo ein nagelneues Karussell leer kreisend und orgelnd zur Fahrt einlud, und ich begegnete einer alten Schulkameradin, der ich in fünf Minuten mein Leben erzählte, und ich ging in den «Freischütz» und labte mich an den Schrecken der Wolfsschlucht wie als Kind … und ich besuchte eine alte Tante und das Nationalmuseum, dazwischen «sprach» ich am Radio und kam mir lächerlich vor: was war da zu sprechen, es war ja alles wie im Traum! Und ich schloß mich in mein Hotelzimmer ein und entschied, daß ich nicht hierbleiben wolle. Daß ich mich mit dem Traum begnügen und fortfahren wolle, ehe ich erwachte. Ich will nicht sagen, daß die Begegnung mit meiner Vaterstadt eine Enttäuschung war, sie war eine Prüfung, die ich mir selber im Fluge ablegte. Wäre ich «niedergegangen», hätte ich sie wohl nicht bestanden.

Rom ist eine schöne Stadt. Zwar schrecken mich die Karawanen ab, die das Schöne dort mit Feldstechern fressen und die Sonne verdunkeln. Ich bin selbst mit dem Fiaker durch Casablanca oder durch Verona gefahren und habe nach zwei Stunden schon gemeint, die verschleierten Damen in den Bazaren, die rehschlanken dunklen Kinder mit den flehend ausgestreckten Händen, das Reich des Sultans mit seinen Zaubergärten, die weißen Moscheen im Himmelsazur, die Maultiere auf dem schimmernden Fels über dem hellblauen Meer gehörten nun mir; oder das anmutig-feierliche Städtchen von Romeo und Giulietta kenne ich nun. Und weiß ich doch nur zu gut, daß wir mit dem Schönen allmählich vertraut werden, es gewinnen müssen, daß es sich nicht vergewaltigen läßt. Ich weiß, daß ich in Venedigs orientalischem Glanz, in seinen mulmigen Düften, seinem gespenstisch-innigen Gassen- und Stimmengewirr lange leben müßte, um es zu verstehen. Und Rom? Ja, hundert Jahre reichten wohl aus, um seine Fülle zu begreifen. Ich stürzte mich nicht darauf, sondern ließ es langsam auf mich einwirken – etwa wie hohe Bergluft oder alten Wein. In meinem Äbtissinnengemach hörte man den Lärm nur von fern. Vor meinen Fenstern hingen die Glyzinien wie schwer parfümierte Trauben, und das ehemalige «convento» blickte auf Flachdächer, wo üppige Mädchen singend die Wäsche zum Trocknen hingen. Die Motoren und Glocken, die kühne, ja brutale Stimme Roms klang hier wie eine Vision. Hier schrieb ich meine «verwegenen Stückchen», wie mein Vater sie nannte, ordnete meine kleinen Gedanken auf dem großen Tisch, der für mich viel zu massiv und ehrwürdig war. Aber das Massive und Ehrwürdige in Rom ist gleichsam wie ein großes heiliges Tier, das sich von uns Menschlein streicheln läßt. Die mächtigen uralten Dinge, Paläste, Säulen, Tempel, Brunnen, Gärten und Ruinen sind trotz ihrer Jahrtausendschwere leicht und voll Gegenwart, voll buntem, warmem Tumult des Lebens, das seit seinem Anbeginn bis heute ein ununterbrochener Tag zu sein scheint. So ist es auch in der Ordnung, daß hier das Alte Schulter an Schulter mit dem Neuen steht, daß «streamlined» Autos vor dem Pantheon stehen, «streamlined ladies» und lateinisch redende Mönche auf dem Pincio spazierengehen.

Meine Eltern kamen nach Rom. Mein Vater hatte es seit genau fünfzig Jahren nicht gesehen und schwelgte in Jugenderinnerungen. Dort stand noch dieselbe Kneipe, wo er mit seinem Bruder Heinrich lange Unterhaltungen mit dem Wirt pflegte, dort war die Spanische Treppe, wo sie Goethes Italienische Reise zitierten und Karikaturen malten, und hier war das Theater, wo Wagner ausgepfiffen und «Viva Verdi!» geschrien wurde, da war die Villa Adria und Ostia Antica – jene landschaftlichen Stadtfragmente mit ihren reinen Formen und Mosaikvisionen, in denen Menschenwerk Natur geworden ist ... «Roma!» – Mein Vater exklamierte es mit jenem klassisch-italienischen offenen o, und bei dem Klang war er sich seines ganzen Wertes bewußt: stolze Tradition und kindlicher Ewigkeitssinn schwangen hier mit. Er wußte manche solche Klänge hinzulegen, ohne der Sprache kundig zu sein, und es genügte vollauf, es war durchaus wesentlich für die Atmosphäre dieser Stadt, die er verehrend liebte. Es war wohl mehr eine künstlerische als eine menschliche Liebe, es war wohl eine innere Fusion von Kunst und Religion, ein Sichbeugen vor den ewigen Werten. Als wir auf dem Aventino, jenem vornehmsten und feierlichsten der sieben Hügel, spazierten und auf die Vatikanische Stadt im Frühlingsglanz blickten, scherzte der eingefleischte nordische Protestant – Wenn ich hier leben würde, würde ich wahrscheinlich katholisch werden. Und so gescherzt war es auch wieder nicht! In diesen Worten kam jenes «Universelle», jenes «All-Umarmende» zum Ausdruck, das sein Alter gleichsam verklärte, und er wollte wohl damit sagen, daß – rein symbolisch betrachtet, frei von allem Mißlich-Wirklichen – hier eine einzige und hehre Festung stand, inmitten einer zerrinnenden Welt.

Dies hat ihn wohl bewogen, beim Papst um Audienz zu ersuchen. Sie war ihm gewährt, und er war bis zu seinem Ende erfüllt davon. Werde ich's vergessen, wie er in der «Lobby» meiner Pension saß und erzählte? Im schwarzen Kleid – das winzige, aber rote Abzeichen der Ehrenlegion im Knopfloch – wirkte er wie einer, der eben eine hohe Prüfung abgelegt, oder wie ein Mitwirkender eines eben verrauschten hohen Schauspiels. Er erzählte wie ein Knabe, der einen schönen Traum erlebt, oder vielmehr, dem ein schöner Traum in Erfüllung gegangen war. Der wirklich von einem Goldsaal zum anderen wandeln durfte – ganz wie er es geträumt – und endlich zwischen großen Herren einen Platz angewiesen bekam (es ging jetzt ungefähr zu wie im Wartesaal eines großen Arztes), um sogleich aufgerufen und von einer Schweizergarde und einem Kardinal durch das letzte endgültige Portal vor das Angesicht des Heiligen Vaters geführt zu werden. «Er kam mir entgegen, nicht ich sollte auf ihn zutreten, und er stand während der Unterhaltung. Er hält immer stehend Audienz. Es kam mir vollkommen natürlich vor, beim Abschied vor ihm ins Knie zu gehen und den Fischerring zu küssen. Ich beugte mich vor den Jahrtausenden.» Er sah in Papst Pius XII. – der übrigens im gleichen Alter mit ihm stand, von zarter, anfälliger Gesundheit war wie er und dessen Geist und Wille auch immer wieder über physische Gebrechen siegte –, er sah in ihm einen symbolischen Bruder, einen, der gleichzeitig – nur auf geistlicher Ebene – mit ihm den Geist vertrat.

Es türmt sich rollend und es dichtet sich strudelnd und bäumt sich donnernd am Gefels empor, um in den Himmel aufzusprühen, das Meer! Auf meiner Insel ist es Herbst. Man merkt es kaum. Denn die Sonne scheint heiß – nur ein wenig golden hat sich ihr Weiß gefärbt – die indischen Feigen und Kakteen sind in voller Pracht – tauglänzende Trauben laden zum Essen ein – nur ein wenig stiller ist die Luft geworden, obgleich die Winde lauter wehen: in sich gekehrter zieht der Morgen auf, gleichsam ohne Gruß an den Menschen. Die Menschen sind fern, und bald werden sie noch ferner sein, und wir werden allein auf dem Felsen stehen und hinausschauen. Und wir werden in die «campagna» gehen und Reisig suchen, gegen den Wind unsere Namen rufen, und wenn die Sonne sinkt und die Winterwolken im Westen aufflammen wie eine Offenbarung, tauchen wir unsere Herzen hinein, die miteinander schlagen. Und dann klingen Glocken herauf, aber es gibt keinen Glöckner, alles ist fern, auch der Glöckner ist fern, wir sind allein auf der Insel! Und während wir nach Hause gehen, hängt mir ein Zweig im Haar. Da bleiben wir stehen und drehen und drehen an dem Zweig. Da lachst du! Warum? Jetzt lach ich auch! Es wird schon dunkel – und wir lachen. Zu Hause brennt das Reisig im Kamin, und hinter uns brandet die Nebelnacht …

Oft scheint meine Insel im Winter ohne Menschen zu sein. Ihre Bewohner sind in den Dörfern: draußen bei den blühenden Felshängen ist niemand mehr. Das untere Dorf ist wie ein mondänes Spielzeug, mit seinen Gäßlein und feinen Geschäftlein, die ihre Ware basarenhaft herumstreuen: man drängt sich dort zwischen bunten Körbchen und Goldsandalen, zwischen strahlendem Juwelierzeug und abstrakten Friseurpuppen, gerupften Hühnern, Früchten, Zuckerwerk und handgewebten Togen – ein eitles, verkrochenes Städtchen, eine ganz kleine Miniaturwelt, die sich um die große Welt nicht schert. Zwischen dem unteren Dorf und dem oberen Dorf herrscht Verachtung. Das obere Dorf ist der urwüchsige Bruder von jenem. Dort ist Weinland, verfallene Kneipen und barfüßige Typen – eine Alte mit einem großen Bart, die lebende Sardinen verkauft und die die kleinen lumpigen Buben das Fluchen und das Beten lehrt. Zwischen den beiden Dörfern, auf halbem Weg, bekreuzigen sich die Menschen – es ist da wohl mal ein Unglück geschehen. Jedes Dorf hat seinen Schutzheiligen, der eine aus funkelndem Silber, der andere aus Holz. Der Silberne schwebt an seinem Tag einer langen Prozession voran, die sich zu Trompetenklang durch sonnige Küstenstraßen schlängelt – mit dem Blick auf die Inseln und auf die in bläulicher Ferne liegende vulkanische Stadt; der Hölzerne wird um den Weinberg getragen, gefolgt von den lumpigen Buben und der Alten mit dem Bart, von der man nicht weiß, ob sie singt, flucht oder betet, indes sie die knorrigen, dunklen Hände zum Himmel reckt. Aber auf der oberen und unteren «Piazza» stehen jeden Tag die bärtigen Männer in aufgekrempelten Hosen und Holzpantoffeln, die Baskenmützen auf dem lockigen Haar, die Pfeife im Mund, und lassen sich von der Sonne bescheinen: wenn es regnet, stehen sie in den Türen und schauen verloren auf die Piazza hinaus. Ist das Meer nicht toll, weiß man sie draußen in ihren schweren alten Kähnen, die von schwarzem Öl starren und deren verwitterte, rostbraune Segel stolz und legendenhaft im Wind liegen. Die Männer bringen den Fang von Polypen und Tintenfischen zu der vulkanischen Stadt und kaufen vom Erlös das Brot für die Weiber und ihre neunzehn Kinder. Die Kinder spazieren manchmal Hand in Hand zu den blühenden Felsen. Sie scheinen etwas zu suchen und sammeln, klettern wie die Eidechsen herauf und herunter und verschwinden. Die Felsen stehen allein im Himmelsblau. Da ist ein leeres Haus, das wie ein langes rotes Schiff ins Wasser ragt. Wir stehen darauf, aneinandergelehnt, vom Smaragd der Wogen umgeben, und schauen den Möwen zu: ohne die Schwingen zu regen, stehen sie in den Lüften wie weiße Falken oder Adler und äugen auf den Grund, bis sie sich mit einem Schrei in die Tiefe stürzen. Es ist nicht einsam hier. Das Meer pocht ringsum an die Insel wie teurer Besuch aus der Ferne. Und dies Inselland ist wie eine einzige hohe, heitere Festung in einer zerrinnenden Welt …

Wenn das neue Jahr beginnt, spielt auf der Piazza die Musik, und die Bewohner der Insel tanzen. Sie tragen rote Piratenkostüme, und sogar auf den Treppen der Kirche tanzen und singen sie, auch die ganz kleinen Kinder und Greise. Und auch wir tanzen. Dann liegen wir auf den Felsen, unter den stillen weißen Häusern mit den Kakteengärten, und schauen den Eidechsen zu, wie sie in der Sonne tanzen.

Nachwort

Die Familie Mann hat Konjunktur. Ein halbes Jahrhundert nach dem Tod des «Zauberers» präsentieren sich vier Generationen der «amazing family» in etlichen Neu- und Erstveröffentlichungen: Julia, Heinrich, Thomas, Viktor, Klaus, Erika, Golo, Michael und Frido: Hardcover oder Paperback, Lesebücher, Tagebücher, Werkausgaben, Erinnerungen, Briefe – und selbst Katia Mann, die doch so großen Wert darauf legte, daß jedenfalls *ein* Familienmitglied außerhalb der schreibenden Zunft bleibe, ist integriert: was sie ihren Interviewern erzählte, wurde, als «Ungeschriebene Memoiren» zwischen zwei Buchdeckel gepreßt, ein großer Verkaufserfolg – und ein nicht minder großes Lesevergnügen dazu.

Zwei Namen allerdings fehlen im aktuellen Angebot, obwohl auch sie der schreibenden Phalanx zuzuzählen sind: Elisabeth und Monika. Nun, Elisabeth Mann Borgese, das «Kindchen», schrieb, wie man weiß, zunächst auf englisch. Übersetzungen der Kurzgeschichten aus den fünfziger Jahren sowie des berühmten Traktats «Ascent of Woman» erschienen 1965 in München, die Studie über «Das Drama der Meere» fast gleichzeitig mit der Originalausgabe 1977 ebenfalls dort, so daß das Œuvre der jüngsten Mann-Tochter in Fachkreisen auch für Deutschland präsent ist.

Bleibt Monika, von der die Familie lieber gesehen hätte, sie wäre niemals der Versuchung erlegen, es den schriftstellernden Verwandten gleichzutun. Sie hat es trotzdem getan und – neben vielen, in renommierten Zeitungen veröffentlichten Feuilletons und Skizzen – in den fünfziger und sechziger Jahren drei Bücher geschrieben, die, obwohl sie bei ihrem Erscheinen von der Kritik durchaus freundlich aufgenommen wurden, heute allesamt längst vergriffen und weitgehend vergessen sind. Zu Unrecht, wie der vorliegende Nachdruck der noch zu Lebzeiten des Vaters begonnenen Erinnerungen beweist.

«Vergangenes und Gegenwärtiges» ist zweifellos das beste Buch der Autorin, eine Autobiographie, die sozusagen «aufs Ganze» zielt und darauf verzichtet, die einzelnen Lebensabschnitte in herkömmlicher Weise voneinander zu trennen. Im Gegenteil: Gegenwärtiges evoziert längst Vergangenes, Kindheitseindrücke verleihen dem Gegenwärtigen Kontur: «Ich bin in einer sehr starken häuslichen Atmosphäre aufgewachsen, und ihr Schwingen und Klingen ist laut in meiner Erinnerung. Die zwei Jahrzehnte, die ich im Elternhaus zugebracht habe, könnten ebensogut zwei Jahrtausende sein.» [1]

So erscheint es denn konsequent, daß als die entscheidende Zäsur in der Rückschau nicht etwa – wie von einem Außenstehenden fast selbstverständlich erwartet – der Untergang der «City of Benares» fungiert – jenes schaurige Ereignis, bei dem Jenö Lányi, der junge Kunsthistoriker, den Monika Mann 1939, kurz vor Kriegsausbruch, geheiratet hatte, vor ihren Augen versank, während sie selbst wie durch ein Wunder gerettet wurde –, sondern der Tod des Vaters: «Mein Vater ist am zwölften August neunzehnhundertfünfundfünfzig gestorben. Ich habe an der Stelle des Buches, wo mich beim Schreiben die Trauernachricht traf, ein Kreuz gemacht», heißt es in dem Text, der wie ein Motto dem Ganzen vorangestellt ist.

In der Tat nimmt die Beschreibung der Kindheit in einem unter vielfachen Aspekten besonderen Elternhaus einen großen Raum ein. Die Autorin erzählt mit großer Unbefangenheit von ihrer Entwicklung in einem Ambiente, das durch einen mit «sanft-fanatischem Sinn fürs Gleichmaß» agierenden, prominenten Hausherrn und eine ebenso energisch-impulsive wie strategisch-weitsichtig wirkende Hausfrau bestimmt wird. Es dominiert die strikt subjektive Perspektive. Einzelne scharf beleuchtete Bilder, intelligent und präzis erfaßte Details von verweisender Kraft stehen neben scheinbar zufälligen Impressionen – alles notiert in einer Sprache, die sich am treffsicheren Witz von Mutter und Großmutter, aber auch an der Penibilität des väterlichen Duktus schulte.

Doch das Buch erschöpft sich nicht in den Skizzen aus dem Hause Mann. Es ist ambitionierter; die Erzählung springt von den fast beiläufig und pointillistisch festgehaltenen Erfahrungen der Kinder- und Jugendzeit zu großräumiger Beschreibung von Landschaften und Kontinenten: fremden, zum Teil als bedrohlich empfundenen Welten, die erobert sein wollen. Diese Abschnitte des Buches sind es, an denen sich neben manchen Schwächen die Stärken der Autorin am deutlichsten ablesen lassen. Auch das Fremdeste wird plastisch-nah erfahrbar, wenn es sich in seinen Details – zum Beispiel anhand der rivalisierenden Dörfer auf Capri – präzis beschrieben sieht:

«Das untere Dorf ist wie ein mondänes Spielzeug, mit seinen Gäßlein und feinen Geschäftlein, die ihre Ware basarenhaft herumstreuen: man drängt sich dort zwischen bunten Körben und Goldsandalen, zwischen strahlendem Juwelierzeug und abstrakten Friseurpuppen, gerupften Hühnern, Früchten, Zuckerwerk und handgewebten Togen. [...] Das obere Dorf ist der urwüchsige Bruder von jenem. Dort ist Weinland, verfallene Kneipen und barfüßige Typen – eine Alte mit einem großen Bart, die lebende

Sardinen verkauft und die die kleinen lumpigen Buben das Fluchen und das Beten lehrt. [...] Jedes Dorf hat seinen Schutzheiligen, der eine aus funkelndem Silber, der andere aus Holz. Der Silberne schwebt an seinem Tag einer langen Prozession voran, die sich zu Trompetenklang durch sonnige Küstenstraßen schlängelt – mit dem Blick auf die Inseln und auf die in bläulicher Ferne liegende vulkanische Stadt; der Hölzerne wird um den Weinberg getragen, gefolgt von den lumpigen Buben und der Alten mit dem Bart, von der man nicht weiß, ob sie singt, flucht oder betet, indes sie die knorrigen, dunklen Hände zum Himmel reckt.» [2]

Solch signifikanter Anschaulichkeit gegenüber erscheinen die gelegentlichen Versuche, das Erlebte zu «deuten» und in größere Zusammenhänge einzuordnen, eher bemüht und manieriert – nicht zuletzt deshalb, weil sie von mangelndem Vertrauen in die eigene Sprachkraft zeugen. Aber sich darüber Rechenschaft abzugeben war Monika Manns Sache nicht: Sie schrieb spontan und sozusagen ohne Disposition, unkonventionell sowohl im Geglückten als im Mißlungenen – und zumindest in dieser Hinsicht war sie ihren beiden älteren Geschwistern Klaus und Erika durchaus vergleichbar, die sie an scharfer Beobachtungsgabe und origineller Charakterisierung nicht selten sogar übertraf. Eine kurze Impression vom Leben ihrer Mutter in der späten Zeit, entworfen kurz nach dem Tode Katia Manns in einem Brief an Martin Gregor-Dellin vom Mai 1980, mag das zeigen:

«Mielein ist in den letzten Jahren zur ‹Figur› geworden, was eigentlich nicht zu ihr paßte. Denn sie war ja wohl etwas sehr Privates, Verborgenes, bei allem Handeln und Wirken. Das viele Über-sie in den letzten Jahren und jetzt schmälert wohl ihre naturgegebene In- und Abseitspersönlichkeit, das Mit-Nichts-Und-Niemand-Vergleichbare oder das Nicht-Einzuordnende erhält so viel ‹Feststellungen›... Sie war im tiefsten Grunde undefinierbar, nicht so sehr im Sinne des Rätselhaften wie des Unbenennbaren, Unaufzeichenbaren.» [3]

Ähnliche Skizzen finden sich in vielen der kleinen Feuilletons, die Monika Mann nach eigener Aussage «zu Dutzenden und Hunderten» schrieb. Die aphoristische Form sagte ihr zu: «Im Feuilleton liegt etwas Erhaschendes, Eilendes, es liegt darin die Geschicklichkeit des Schreibens auf ein fallendes Blatt», heißt es 1960 in einem Lebensabriß en miniature, um den man sie anläßlich ihres 50. Geburtstags am 7. Juni gebeten hatte und der – wie bezeichnend – mit dem Hinweis auf die Nähe dieses Tages zum väterlichen 85. und die alles überdauernde Prägung durch das Elternhaus beginnt:

«Seit 27 Jahren reise ich. Ein episodisches Sein, das fahrende Haus hat als Grundstein die gefestigte Kindheit und Jugend. Emigrantentum, das die Herkunft nicht preisgibt, [...] erfährt statt des Vagabundentums das Weltbürgertum. Sanary-sur-Mer, Florenz, Zürich und Wien, London, New York und Los Angeles, Carmel, Bodighera, Boston und Rom – Länder und Kontinente sind Stockwerke des Münchener Elternhauses.» [4]

«Befragt zum Centenarium des Vaters», speziell danach, ob er an der Emigration gelitten habe, antwortete sie: Das Exil bewirkte «die Wandlung vom Bürger-Künstler zum Künstler, [...] die Wandlung zum Einfacheren, Glücklicheren. Das Haus gab es noch oder wieder – im kalifornischen ‹Herzogpark›, den Hund gab es, den Garten, den Familientisch mit Silber und Kristall, zusätzlicher Dekor ein farbiges Dienerpärchen, alles mehr oder weniger Fassade und hätte ebenso gut oder schlecht woanders oder anders sein können. Das Übernationale, Überzeitliche und Immer-Menschliche [...] nahm Form an im Exil. ‹Deutsch› war er noch, wenn er den Hund schimpfte – die Stimme (ihr Wohlklang wie verhext) wurde fadendünn und knatternd, wenn sich der Pudel hartnäckig weigerte, an die Leine genommen zu werden: das reizte den Herrn ganz maßlos, bis zur Peitsche, und was er da peitschte, war nicht mehr der Hund ... Adolf, ‹der Bruder›, spukte ihm im Kopf herum.» [5]

Und Monika beschrieb noch erstaunlichere Wahrnehmungen: die Ehrungen des «letzten Jahres» beispielsweise, mit denen Lübeck «den verlorenen Sohn in seine Arme schloß», deutete sie – hier in ihrem Empfinden den Meditationen des Vaters im Tagebuch sehr nah – als jenen Augenblick, «in dem das Leben Roman wurde»: «Der Romancier hob sich in ihm auf, sein Schatten nur genoß die Ehre.» Thomas Mann bestand die Auszeichnungen mit Bravour – und war, wie wir aus den Diarien wissen – stolz auf seine Leistungsfähigkeit. Die Tochter indes, im Rückblick, setzt andere Akzente – und wird auch hier durch das letzte Bekenntnis ihres Vaters bestätigt: «Lasse mir's im Unklaren, wie lange dies Dasein währen wird. Langsam wird es sich lichten», hatte Thomas Mann am 29. Juli 1955, als seinen letzten Eintrag, ins Tagebuch geschrieben; Monika war nicht in Kilchberg gewesen, als der Vater starb, aber sie hatte den scharfen Blick für das Wesentliche, den nur die Ferne gewährt: «Im Zürcher Kantonsspital [...] fragte er kein einziges Mal nach seinem schönen Haus in Kilchberg – meine Mutter hat dem Erwähnung getan, wiederholt und mit tiefem Staunen. Er starb, ein Mann ohne

Bindungen, ein geläuterter Bohemien – ein Bohemien. Dies brachte ihn uns allen nah.» [6] – Eine Deutung «gegen den Strich», ohne Zweifel – aber doch gewiß nicht falsch.

«Sie sind das Mitglied mit der größten Distanz zur Familie, deshalb hört man von Ihnen oft das Gescheiteste – das ist keine Schmeichelei, eher ein bewußter Widerspruch zur gängigen Familienmeinung, die ebenso falsch war, wie es alles ‹gängige› ist» [7], schrieb – im Juli 1982 – der Verleger Berthold Spangenberg, der in den siebziger Jahren Briefe von Klaus Mann publiziert und sich für ein Erscheinen des «Mephisto»-Romans engagiert hatte, an Monika Mann, und ich denke, er hatte recht.

Trotzdem sollte man nur mit Vorbehalt von einer «gängigen Familienmeinung» sprechen, denn die Familie war, zumal in ihrem Urteil über Monika, durchaus nicht immer einer Meinung. Das Klischee vom «Schwarzen Schaf» bedarf entschiedener Modifizierung. Die Dokumente, das Tagebuch des Vaters, aber auch die Briefe der Mutter an ihre beiden Ältesten, geben ein anschauliches und differenziertes Bild der vielfältigen und häufig wechselnden Empfindungen und Urteile.

Thomas Mann selbst bekennt in seinen täglichen Aufzeichnungen mehr als einmal recht freimütig, daß er «von den Sechsen drei, die beiden Ältesten und Elisabethchen, mit seltsamer Entschiedenheit bevorzuge» [8], während ihn Monikas (aber auch Michaels und Golos) Wesen irritiere und das Kind überhaupt ein seltsam Ding sei. Aber daneben stehen, genau so ehrlich notiert, fröhliche Vorkommnisse: Weihnachtsfeiern, Tölzaufenthalte oder Vorlesestunden, bei deren Schilderung sich Monika ganz selbstverständlich in den Kreis der Geschwister integriert und ihre Eigenheiten auch im Positiven hervorgehoben sieht: ein liebenswertes, manchmal etwas exzentrisches Kind inmitten der originellen, gelegentlich auch unbotmäßigen, in den «Erinnerungen» so anschaulich beschriebenen Geschwisterhorde. «Die Kinder glücklich über ihre sieben Wunderdinge, besonders Moni, [...] die, wie Golo, auf Wunsch ein kleines Separatbäumchen bekommen hatte, kam damit hereingetanzt und küßte das Bäumchen. Nach Tische sangen die Vier im Salon Weihnachtslieder zu Erikas Klavierbegleitung.» [9]

Das Tagebuch – zumindest der frühen Jahre – enthält viel Freundliches über Monika – Impressionen, die durch Aufzeichnungen von Nachbarn und Freunden gestützt werden; für Außenstehende war es offenbar leichter, bei dem Kind nichtalltägliche Begabungen wahrzunehmen. So erinnert sich Bruno Walter in seinen Memoiren an eine Aufführung der sich stolz «Laienbund deutscher Mimiker» nennenden Theatergruppe der Kinder aus dem Herzogpark (vier Mann-Sprößlinge, zwei Töchter Walter, ein Hallgarten-Sohn und die Kinder des Historikers Erich Marcks), bei der er, der Dirigent, als von den Schauspielern engagierter Kritiker sich gegen das «oberste moralische Gesetz der Kritik, die Forderung strenger Unparteilichkeit» vergangen habe, weil er «der kindlichen Süßigkeit der etwa siebenjährigen Monika Mann» erlegen sei [10]. Monika selbst, bestätigt durch ihren Bruder Golo, der Schüler des gleichen Internats war, sowie durch Berichte von Lehrern und Besuchern, erzählt von den Erfolgen, die sie bei einer Schulaufführung als Susanne in Mozarts «Figaro» oder als Pianistin mit der Interpretation der Schumannschen «Kinderszenen» erzielte – Erfolge, die der Mutter, wie ein Brief an Erika vom November 1925 beweist, achtungsvolles Erstaunen abnötigten: «Sie habe ebenso reizend gesungen wie gespielt, und sei eine vollendete kleine Lady. Seltsam. Übrigens schreibt mir auch Gölchen, daß man schon jetzt über ihren Austritt zu Ostern traure.» [11]

«Seltsam»: das Wort scheint – zumindest aus der Sicht der Eltern – am zutreffendsten zu sein, um Monika Manns Wesen auf den Begriff zu bringen. Liebenswert, weich, musisch begabt und seltsam: das ist auch der Tenor der wenigen Briefe und Aussagen, die zu lesen sind, wenn man erfahren will, wie Monika Mann auf ihre Umgebung wirkte. Der älteste Bruder Klaus, der ihr vielleicht am unbefangensten zugetan war, hat sie ähnlich gesehen: «Kinder, ich sags euch: das Mönle ist ein ganz feines Ding geworden», heißt es in einem Brief an die Mutter vom Juni 1938, «nicht ohne seltsame Züge freilich, aber auch durchaus nicht ohne gewinnende. [...] Wirklich, sie ist ganz leise und würdig, schwermütig halb, halb humorvoll, nicht ohne bizarre Einfälle, mit Anmut, zurückhaltend, auch ziemlich hübsch. (Die seltsamen Züge an ihr kennst Du selber, da brauche ich nicht drauf einzugehen ...)» [12]

Zu der Zeit, als Klaus dies schrieb, lebte Monika mit ihrem Verlobten in Florenz. Die Jahre 1938/1939 dürften eine glückliche Zeit für sie gewesen sein; selbst die unbestechliche Mutter machte neben dem «merkwürdigen Fall von Insuffizienz», den «das Kind» darstelle, doch «diverse Ansätze» aus und verkündete nach einem Besuch der Jungverheirateten in London: «Ich bin fest entschlossen, in meinem Leben kein unfreundliches Wort mehr über sie zu sagen, und mich nett und hilfreich zu verhalten.» [13]

Zumindest Katia Mann also versuchte, dem ja nicht eben ungewöhnlichen Faktum, daß ein Kind eine gewisse Distanz zum Elternhaus braucht, um sich entfalten zu können, mit Verständnis zu begegnen: das geht aus vielen ihrer spontan-ungeschützt erzählenden Briefe an Klaus und Erika hervor, in denen Zuneigung, Einsicht und Verzweiflung unmittelbar nebeneinanderstehen: «Vom Mönle, Deiner Lieblingsschwester in ihrer Art, muß ich Dir doch wohl auch kurz berichten» so ein Schreiben an Klaus, 1934, «um so mehr, als ihre Ankunft geradezu sensationellen Charakter trug, so überaus verschönt, gertenschlank, mit herrlichen Fladeaus versehen und mit feurigen Samtungen modisch angetan und stolz gereckt entstieg sie dem Zuge, die eigenen Geschwister erkannten sie buchstäblich nicht, aber bei näherer Bekanntschaft erwies sich die Transformation doch nur als recht äußerlich, auch bekommt ihr ja leider das Elternhaus erfahrungsgemäß nicht, und sie ist, nach dreiwöchigem Aufenthalt hier, doch ganz das alte, dumpf-wunderliche Mönle, völlig unbeschäftigt, die Speisekammer bemausend (was der Schlankheit abträglich ist), teilnahmslos und unbekümmert, mit bisweilen aufblitzenden, überraschenden Hintergründen. So wird es wohl bleiben.» [14]

Die Teilnahmslosigkeit, das Nicht-Reden, ja, abwesend Vor-sich-hin-Schweigen scheint, wenn man den Zeugnissen glauben darf, jene Verhaltensweise gewesen zu sein, die der Familie am meisten auf die Nerven ging, das Grundübel und wohl auch die Ursache für die sich in Amerika, nach dem schrecklichen Unglück, häufenden Mißhelligkeiten. Doch betrafen die elterlichen Klagen – zumindest in den Kinder- und Jugendjahren – keinesfalls Monika allein. In den Tagebüchern wird die «Verstocktheit» und das «Stummsein» der drei weniger geliebten Kinder häufig erwähnt, und Golo Mann berichtet in seinen Erinnerungen einprägsam von den Befindlichkeiten am häuslichen Tisch: «Meine Schwester Monika und ich [...] blieben lange stumm, am stummsten, wenn, wie später oft vorkam, die beiden Großen abwesend waren.» [15]

Auch Golo Mann selbst gelang es erst relativ spät, zunächst durch seine erfolgreiche Redakteurstätigkeit bei der Exilzeitschrift «Maß und Wert», für die der Vater als Herausgeber zeichnete, später, gegen Kriegsende, durch seine Europa- und Deutschlandberichte, die er als US-Informationsoffizier aus der alten Heimat nach Kalifornien sandte, den Eltern wichtig und interessant zu werden. Monika hingegen blieb diese Möglichkeit verwehrt. Sie erholte sich nur langsam von der Katastrophe, die ihr nicht nur ihren Mann genommen hatte, sondern in deren Folge sie 20 Stunden auf dem Ozean trieb, ehe sie ein englisches Kriegsschiff rettete und man sie – nach einer abermaligen Atlantikpassage – zu den Eltern nach Princeton zurückbrachte, mit denen sie dann nach Kalifornien übersiedelte. Die verstörte junge Frau konnte wenig «Welt» in das Pacific-Palisades-Haus bringen; sie, die in Europa, in Lausanne, Zürich, Wien und Florenz, eine pianistische Ausbildung erhalten hatte, spielte allenfalls Klavier, stundenlang und nur für sich allein. Der Vater aber war, wenn er sich wohl fühlen sollte, angewiesen auf Unterhaltung und «Welt». Das konnte auf die Dauer nicht gutgehen.

Kurz vor Beendigung des Krieges jedoch war Monika Mann wieder so weit hergestellt, daß sie – zur Erleichterung der Eltern – den Versuch unternahm, in New York ein eigenes Leben aufzubauen. Sie scheint sich dort wohl gefühlt zu haben, fand einen Kreis von Menschen, die sie schätzten und ermutigten, und schickte sich an, ihre schriftstellerischen Versuche, die sie im elterlichen Haus begonnen hatte, zu professionalisieren. Als erstes entstanden kleine Prosastücke, unter ihnen bemerkenswerte Skizzen über die Stadt, in der sie nun lebte.

«Einige Menschen um Monika Mann haben sich auch gefunden, und ihre Briefe klingen eigentlich ganz vergnügt», berichtete die erstaunt-beeindruckte Mutter ihrem Ältesten. «Am Ende wird sie in New York noch ein ebenso ehrenvolles Renommée hinterlassen wie in Florenz. Es ist seltsam, die Leute finden ja auch ihre Briefe reizend, und am Ende bin ich es, die bees und ungerecht ist. Glaubs aber nicht.» [16]

Nein, was das Schreiben anging, war es «dem Mönchen» nicht vergönnt, die Anerkennung der Familie zu erringen. Zwar machte sich der Vater die Mühe, einige ihrer kleinen Werke einer Analyse zu würdigen, Gelungenes zu loben, Mißratenes zu monieren und der Autorin Mut zu machen, doch glaubte auch er – wie das Tagebuch ausweist – im Grunde nicht an eine schriftstellerische Begabung der Tochter und sah ihren Veröffentlichungen nicht ohne Beklemmung entgegen.

Schließlich aber siegten, zumindest bei den Eltern – allen ambivalenten Gefühlen zum Trotz –, Verständnis und Mitleid: «Man mag ihr diese letzte Lebenslüge [eine Schriftstellerin zu sein] nicht nehmen», umschrieb die Mutter im November 1948 gegenüber dem ältesten Sohn ihr Dilemma, doch «andererseits, wenn sie sich darauf versteift und ihre halb begabten, geschmacksunsicheren, danebengehenden Produkte unter Beihilfe ihres Namens veröffentlicht, was durchaus denkbar ist, so ist es einem auch wieder nicht recht. Aber man muß sie wohl gewähren lassen» [17]. Diese Position hat Katia Mann – ungeachtet aller Ausbrüche von Resignation und Verzweiflung – auch gegenüber den Geschwistern durchgehalten: Moni meldet, die

«Rundschau» habe einen Artikel von ihr angenommen, und die Mutter läßt Klaus wissen: «Der Eri wurde ganz schlecht. So schlimm kann ich es nicht finden und gönne dem armen Ding auch die Genugtuung, deren Bedeutung sie natürlich weit überschätzt. Natürlich hat ihre literarische Ambition etwas Anstößiges, aber was in der Welt sonst kann sie, schwach, träge und hochmütig, wie sie einmal ist, mit sich anfangen. Und daß es irgendeinem der übrigen Mitglieder der amazing family schadet, *das* glaube ich nicht.» [18]

Muß man es also in erster Linie dem erbarmungslosen Regiment zuschreiben, mit dem Erika Mann nach dem Tod des Vaters über das literarische Ansehen dieser «amazing family» wachte, daß Monika Mann noch 1975 (also sechs Jahre nach dem Tod ihrer Schwester) Verbitterung zeigte? «Soll ich nachgerade stolz sein, mit solcher Konsequenz in sämtlichen Mann-Publikationen [gemeint sind die Klaus und Thomas Mann geltenden Briefsammlungen, in denen Monika so gut wie nicht vertreten ist] überschlagen zu werden?» heißt es in einem Brief an Berthold Spangenberg vom 12. November, der zeigt, daß sie selbst jedenfalls für ihr Übergangenwerden fast ausschließlich die «Tücke» der Schwester und ihrer dienstbaren Geister verantwortlich machte. Wahrscheinlich nicht ganz zu Unrecht.

Auf der anderen Seite aber bleibt der Eindruck bestehen, daß zumindest auch familiäres Mißtrauen im Spiel war, das allerdings – entgegen der landläufigen Meinung – weniger der Person Monika Mann als ihren schriftstellerischen Erzeugnissen galt, und dies vor allem dann, wenn sie dem *ex cathedra* im Hinblick auf den *pater familias* Gesprochenen eine eigene Lesart entgegensetzten.

Katia Manns Replik auf eine «Thomas Mann im Blick seiner Töchter» betitelte Besprechung Gustav Hillards könnte diesen Eindruck bestätigen. Der Lübecker homme de lettres, der Thomas Mann noch kurz vor seinem Tode begegnet war, hatte – nach dem gleichzeitigen Erscheinen von Erika Manns Bericht «Das letzte Jahr» und Monika Manns «Erinnerungen», 1956 – im Oktoberheft des «Merkur» die Beschreibung des Vaters «aus der Perspektive alltäglich erlebter Kindeserfahrung» als das *tertium comparationis* zwischen den beiden so unterschiedlichen «töchterlichen Büchern» ausgemacht und dabei Erikas «treuem, sachlich klugen Bericht» das Buch der jüngeren Schwester gegenübergestellt, das «nicht nur berichten» wolle, sondern «einen persönlichen Anspruch» erhebe.

Kein Zweifel, Hillards Sympathien lagen, bei allem Respekt vor Erikas Bericht, bei Monikas Buch: «Es hat einen völlig eigenen Ton, der seinen entschiedenen Reiz, aber auch seine Gefahr hat. Er ist farbig und sprunghaft, temperamentvoll und kapriziös, und wenn er erregt und enthusiastisch ins Weltanschauliche und Metaphysische umspringt, geraten Worte und Begriffe leicht in eine schwankende und schwimmende Manieriertheit. Monikas Stil des Schreibens und Lebens kontrastiert aufs drolligste mit dem systematisierten Lebensrhythmus des Vaters und seiner gemessenen und genauen Redeweise. Und doch ist sie durchaus mit der Schärfe und Ironie des väterlichen Blicks für die *petits faits* begabt.»

«Monika erzählt von sich», resümierte Hillard, «der Vater scheint wie heimlich hineindestilliert und ist doch immer gegenwärtig. In Miniaturbildern wird er persönlich in den Ablauf der Biographie der Tochter eingeblendet.» [20]

Das ist, wie auch Katia Mann in ihrem Dankschreiben zugeben mußte, einfühlsam beobachtet; und doch scheint es kein Zufall zu sein, daß die Probleme der Mutter mit dem biographischen Zeugnis der Tochter just an diesem Punkt einsetzen. Zwar sei «trotz mancher berechtigter Einwände» nicht zu leugnen, daß «das Kind über eine eigenartige schriftstellerische Begabung» verfüge, ließ «Frau Thomas Mann» (wie auf dem Briefkopf zu lesen war) am 25. November 1956 den Rezensenten wissen, aber: «Ihr kleines autobiographisches Buch [...] mußte den Eingeweihten, den nächsten Angehörigen, etwas anstößig sein [und] wo es sich um den eben verstorbenen Vater handelt, doch entschieden unzulässig. Von allen sechs Kindern stand sie ihm am fernsten, und was an Tatsächlichem über ihn gesagt ist, – viel ist es ja nicht – entspringt ausschließlich ihrer Phantasie. Als Quellenwerk jedenfalls dürfen künftige Literarhistoriker das kleine Buch nicht betrachten, sehr im Gegensatz zu Erikas Schrift, die sich um reine Sachlichkeit bemüht hat.» [21]

Ein hartes Urteil, bei dem zudem die Beweisführung nicht recht überzeugend klingt. Wohl hatte Monika Mann die Freiheit der Erinnerung vom real Vorgegebenen für ihre Biographie *expressis verbis* in Anspruch genommen – aber auch selbst niemals vorgegeben, eine streng wirklichkeitsgetreue Schilderung ihres Vaters und der Lebensgewohnheiten im Hause Mann zu geben. Sie beschrieb, was sich ihr einprägte: wie sich die Hausbewohner *für sie* darstellten, wie *sie* Vater und Mutter erlebte. *Ihre* Sicht der Dinge ist es, die ihrer Autobiographie Glaubwürdigkeit gibt. Die von der Mutter geltend gemachte «Tatsache», daß sie von allen Kindern dem Vater «am fernsten stand», ist unerheblich für den dokumentarischen Wert ihrer Darstellung, über den allein die subjektive Ehrlichkeit der Perspektive befindet.

«Für Mönchen, sie wird es schon verstehen», schrieb Thomas Mann in das «Faustus»-Exemplar, das er der Tochter aus Pacific Palisades nach Manhattan sandte. Die Autorin Monika Mann erinnert sich und notiert den Eindruck, den diese Zueignung bei ihr hinterließ: «Darin liegt eine flüchtige, schon abgetane Geringschätzung, an deren Stelle sofort Vertrauen tritt.» [22] Ist das falsch? Hat es der Vater «anders», herablassender, ja kränkend gemeint? Anzunehmen ist das nicht; man darf vielmehr getrost glauben, daß den «Zauberer» die sensible Interpretation seiner ambivalenten Gefühle gefreut hätte.

Das Mönle war eben *doch* etwas – zumindest dank einer höchst eigenen Faszination, die das Wort «seltsam» ins Positive wendet.

Tübingen, 26. März 2001 Inge Jens

Anmerkungen

1. Sh. vorstehenden Text S. 10f.
2. Sh. vorstehenden Text S. 121.
3. Monika Mann an Martin Gregor-Dellin, Capri, 18. 5. 1980, unveröffentlichter Brief, Archiv Rowohlt Verlag, Reinbek.
4. Monika Mann, «Fünfzigmal erlebte ich den Rosenmonat», Welt am Sonntag, Hamburg, 5. 6. 1960.
5. Monika Mann, «Befragt zum Centenarium meines Vaters», Lübecker Nachrichten, 11. 5. 1975.
6. Sh. Anm. 5.
7. Unveröffentlichter Brief, München, 22. 7. 1982, Archiv Rowohlt Verlag, Reinbek.
8. Eintrag vom 10. 3. 1920, Thomas Mann, Tagebücher 1918–1921, Frankfurt a. M., 1979, S. 395.
9. A.a.O., S. 114, Eintrag vom 24. 12. 1918.
10. Bruno Walter, Thema und Variationen, Frankfurt a. M., 1988, S. 274.
11. Katia Mann an Erika, München, 17. 11. 1925, unveröffentlichter Brief, Thomas-Mann-Archiv der Eidgenössisch-Technischen Hochschule Zürich.
12. Klaus Mann an Katia, Küsnacht, 1. 6. 1938, Klaus Mann, Briefe und Antworten, hrsg. v. Martin Gregor-Dellin, München 1987, S. 357.
13. Katia Mann an Klaus, London, 29. 8. 1939, unveröffentlichter Brief, Handschriftensammlung der Monacensia, München.
14. Katia Mann an Klaus, Küsnacht, 5. 9. 1934, unveröffentlichter Brief, Handschriftensammlung der Monacensia, München.
15. Golo Mann, Erinnerungen und Gedanken. Eine Jugend in Deutschland, Frankfurt a. M. 1986, S. 48.
16. Katia Mann an Klaus, Pacific Palisades, 19. 2. 1945, unveröffentlichter Brief, Handschriftensammlung der Monacensia, München.
17. Katia Mann an Klaus, Pacific Palisades, 11. 11. 1948,

unveröffentlichter Brief, Handschriftensammlung der Monacensia, München.

18. Katia Mann an Klaus, Pacific Palisades, 24. 1. 1948, unveröffentlichter Brief, Handschriftensammlung der Monacensia, München.
19. Monika Mann an Berthold Spangenberg, Capri, 12. 11. 1975, unveröffentlichter Brief, Archiv Rowohlt Verlag, Reinbek.
20. Merkur, Stuttgart/Köln, 10. Jg. No. 19 (Oktober 1956), S. 1024–1026.
21. Katia Mann an Gustav Hillard-Steinböhmer, Kilchberg, 25. 11. 1956, unveröffentlichter Brief, Deutsches Literaturarchiv, Marbach.
22. Sh. vorstehenden Text S. 102.